Heinrich Dickerhoff
Die Suche nach dem verborgenen Schatz

Heinrich Dickerhoff

# *Die Suche nach dem verborgenen Schatz*

Mit Märchen nach Gott fragen

Claudius

Mich hat im Schneegestöber
Einst ein Licht gepackt
Mit seinem zauberstillen heiligen Strahlen

Ich wollte nur wie eine Flocke sein
Die immer weiter wird getragen ...
(A. G.-J.)

Für Ati Gropius-Johansen, New York,
jenseits des Meeres
und mir doch so nah

Hinter der Mauer wartet ein Königreich!

Bibliografische Information Der Deutschen Bibliothek
Die Deutsche Bibliothek verzeichnet diese Publikation in der Deutschen Nationalbibliografie; detaillierte bibliografische Daten sind im Internet über <http://dnb.ddb.de> abrufbar.


Birkerstraße 22, 80636 München
www.claudius.de

Umschlaggestaltung: Anne Halke, München
Druck: Druckhaus Thomas Müntzer, Bad Langensalza

ISBN 978-3-532-62388-6

# Inhalt

*Der goldene Schlüssel*

*Zur Winterszeit, als einmal ein tiefer Schnee lag, musste ein armer Junge hinausgehen und Holz auf einem Schlitten holen. Wie er es nun zusammengesucht und aufgeladen hatte, wollte er, weil er so erfroren war, noch nicht nach Hause gehen, sondern erst Feuer anmachen und sich ein bisschen wärmen. Da scharrte er den Schnee weg und wie er so den Erdboden aufräumte, fand er einen kleinen goldenen Schlüssel. Nun glaubte er, wo der Schlüssel wäre, müsste auch das Schloss dazu sein, grub in der Erde und fand ein eisernes Kästchen. „Wenn der Schlüssel nur passt!", dachte er. „Es sind gewiss kostbare Sachen in dem Kästchen." Er suchte, aber es war kein Schlüsselloch da, endlich entdeckte er eins, aber so klein, dass man es kaum sehen konnte. Er probierte und der Schlüssel passte glücklich. Da drehte er einmal herum und nun müssen wir warten, bis er vollends aufgeschlossen und den Deckel aufgemacht hat, dann werden wir erfahren, was für wunderbare Sachen in dem Kästchen lagen.*

Mit diesem kleinen Märchen beendeten die Brüder Grimm seit der 2. Ausgabe im Jahr 1819 ihre Sammlung, und das war kein Zufall. Die offene Frage am Schluss war eine Einladung, mehr zu entdecken, sich Herz und Seele mit den Märchen öffnen zu lassen.

Da wird uns erzählt von einem, der nicht gemütlich am Ofen in der warmen Stube bleiben kann, sondern hinaus muss in eine ungemütliche kalte Welt, und das ist ganz märchentypisch. Entgegen einem weit verbreiteten Vorurteil sind Märchen weder Lügengeschichten für Leichtgläubige noch harmlos-idyllische kleine Weltfluchten, sie sind so wenig gemütlich wie das Evangelium. Am Anfang steht fast immer eine Krise, ein Unglück, eine Erfahrung der Heimatlosigkeit und Verlorenheit. Echte Märchen führen uns immer durch eine dunkle, unheimliche Welt, in der wir nicht fraglos zu Hause sind, einer Welt voller Herausforderungen und Gefahren. Darum wurden sie eine Zeitlang als grausam abgelehnt. Aber der Weg führt eben nicht nur in, sondern durch die Gefahr und das muss so sein bei Mutmachgeschichten. Denn so, wie man Schwimmen nur im Wasser lernt, so lernt man Mut nur da, wo man sich den eigenen Ängsten stellt. Und Märchen sind auch so etwas wie ein kontrollierter Durchgang durch eigene Angstgefühle.

Aber eben doch ein Durchgang. Denn die Dunkelheit behält nicht das letzte Wort. Märchen enden voller Zuversicht im Glück. Geh deinen Weg, sagen die Märchen, das Licht ist am Ende stärker als die Dunkelheit, die Liebe stärker als Hass und Tod.

So findet auch der arme Junge in der kalten Winterwelt sein Glück. Unter dem Schnee wartet ein kleiner goldener Schlüssel. Aber der Junge weiß auch, wieder ganz märchentypisch, dieses Glück zu nutzen. Wo ein Schlüssel ist, muss doch auch ein Schloss sein! Eine naive Annahme, viel wahrscheinlich wäre doch, dass hier jemand seinen Schlüssel verloren hat. Aber der Junge gräbt tiefer und findet ein eisernes Kästchen – gewiss einen Schatz.

Für mich sind die Märchen wie ein goldener Schlüssel, der uns einen Schatz erschließen kann. Aber der eigentliche Schlüssel sind nicht die Märchen, der wirkliche goldene Schlüssel sind unsere Fragen ans Leben und die Märchen bewahren und erinnern – wie alle Kunst und alle Philosophie – diese uralten und doch immer neu gestellten Lebensfragen. Märchen sind gewiss nicht die einzigen goldenen Schlüssel, sie gehören sogar zu den ganz kleinen, aber gerade das macht sie so wunderbar, darum passen sie in manch kleines Schlüsselloch, das die großen Schlüssel nicht öffnen können.

Was ist nun der Schatz, den unsere Fragen und damit die

Märchen erschließen können? Zunächst sicher ein Schatz in uns. Kennst du das Märchen vom Du?, fragt Rose Ausländer in ihrem wohl kürzesten Gedicht DU und gibt die Antwort: Du bist es. Seit 15 Jahren erzähle ich Märchen, erzähle ich für die unterschiedlichsten Menschen; seltener für Kinder, meist für Erwachsene, für Krankenpflegeschüler und Berufssoldaten, für Krebskranke und Hospizhelferinnen, für Erzieherinnen und Lehrer, für Strafgefangene und typische Bildungsbürger, für Rotarier und einmal auch für ein Domkapitel. Und immer erzähle ich Märchen, damit die Märchen uns erinnern an das Märchen, das wir sind.

Aber für mich geht es bei unseren Fragen um mehr als um Selbsterkenntnis oder Selbstverwirklichung, so wichtig das ist. Ich glaube, dass der eigentliche Schatz über uns und unsere Möglichkeiten hinausführt, dass es jene geheimnisvolle Wahrheit ist, die wir mit dem Wort Gott eher andeuten als bestimmen. Ich glaube, dass die Fragen, die uns das Leben stellt, nicht ein absurder Scherz der Evolution sind, die uns zur Verzweiflung treibt, sondern dass sie uns aufmerksam machen auf Antworten. Noch ist, jedenfalls für mich, das Kästchen nicht vollends aufgeschlossen. Ich traue denen nicht, die zu viel wissen über das, was jenseits unserer Horizonte auf uns wartet. Aber dass da ein Kästchen ist, macht mir hier und heute schon Mut.

Dass unser Leben wenn schon kein Heimspiel, dann aber doch ein Heimweg ist und dass Licht und Liebe alle Todesnacht durchdringen, das sind nicht nur die wichtigsten Themen der Märchen, sondern auch die uralten großen Wünsche der Menschen und es sind auch die beiden großen Verheißungen des biblischen Glaubens. Märchen sind keine religiösen Geschichten, sie haben nicht den unbedingten Anspruch religiöser Botschaften, aber sie spiegeln die Fragen, auf die die Religionen antworten. Und nicht selten sprechen sie – in eigenartig-traumhaft verschlüsselter Sprache – auch von den Antworten, die die Religionen geben.

Für mich als Christen sind vor allem die Fragen und Antworten wahrnehmbar, die mein Glaube in den Mittelpunkt der Welt- und Lebensdeutung rückt. Und dieses Buch ist der Versuch, schriftlich festzuhalten, was ich erzählend und im Gespräch immer wieder erlebe: dass die Bildersprache der Märchen, die wir so leicht als bildhafte Wahrheit verstehen, Augen öffnet für den Bild-Sinn der biblisch-christlichen Botschaft. Allerdings erlebe ich auch das Umgekehrte: wie die Ernsthaftigkeit religiöser Fragestellungen aufmerksam machen kann für den Tief-Sinn, den viele Märchen bewahren und der weit über populärpsychologische Plattitüden hinausgeht.

Erzählend und in der unmittelbaren Begegnung erschließt sich die Wahrheit der Märchen ganz leicht; ich wäre froh, wenn ich auch auf trockenem Papier etwas davon vermitteln könnte.

In den folgenden zehn Kapiteln greife ich menschliche Grundfragen im Spiegel von Märchen auf, in denen sie mir verdichtet erscheinen. Ich möchte mit den Bildern der Märchen eine Brücke bauen hin zu den Antwortversuchen des christlichen Glaubens, wie er sich mir erschließt.

Noch ein Hinweis zu den in diesem Buch enthaltenen Märchen. Alle Märchen (außer dem vorangestellten Märchen „Der goldene Schlüssel“) sind hier in dem Wortlaut abgedruckt, in dem ich sie erzähle. Dabei habe ich nicht die Geschichte oder die Bilder verändert, doch oft sind die Sätze kurz, die Wortfolge entspricht nicht immer der eines geschriebenen Textes, die Erzählzeiten ändern sich – wie in der gesprochenen Sprache –, wenn es spannend wird oder wenn die „Anderswelt“ berührt wird, die Jenseitigen erscheinen.

Das mag ungewohnt sein für einen Lesetext, aber Volksmärchen sind auch keine Lesetexte, sondern Erzählungen. Sie wirken eigentlich nicht über die Augen, sondern über die Ohren. Darum ist es manchmal von Vorteil, sie sich laut vorzulesen. Und so, wie sie hier stehen, können sie auch gut in einer Gruppe vorgelesen oder – wenn man das kann –

erzählt werden. Um Märchen angemessen laut werden zu lassen, sollte man dreierlei beachten:

1. Nicht zu schnell sprechen, damit die Zuhörenden folgen können.
2. Kleine Absätze wählen, damit die Zuhörenden die Bilder in sich sehen können. Mit jedem Absatz projiziere ich als Erzähler oder Vorleser ein Bild in die Köpfe meiner Zuhörer.
3. Nur eine Betonung je Absatz, und zwar auf dem sinntragenden Bildwort, niemals Worte wie „da", „aber" oder „plötzlich" betonen und nur in seltenen Fällen die Adjektive. Der Nachdruck liegt auf dem Wort, das auf keinen Fall fehlen darf.

Dazu als Kurzbeispiel der erste Satz des schon vorgestellten Märchens:
*Zur* Winterszeit,
*als einmal ein tiefer* Schnee *lag,*
*musste ein* armer Junge *hinausgehen*
*und* Holz *auf einem Schlitten holen.*

Herzlich danke ich allen, die mit mir in vielen Seminaren und Gesprächen in Märchen Schätze gesucht und gefunden haben, vor allem den Freundinnen und Freunden aus der Europäischen Märchengesellschaft.

Mein ganz besonderer Dank gilt Dr. Dietrich Voorgang, der das Entstehen des Buches angeregt und dann seine Entstehung als Lektor mit viel Wohlwollen und Erfahrung begleitet hat.

Und nun – das wünsche ich Ihnen – viel Freude beim Lesen und Hören, beim Träumen und sich Einbilden, beim Nachdenken und sich Erinnern.

*Heinrich Dickerhoff*

1. Kapitel

## Der Turm zu den Sternen
oder:
## Wir sind nicht fraglos in der Welt zu Hause

Märchen sind – dies ist die Arbeitshypothese dieses Buches – eine Verdichtung typischer Welterfahrungen. In Märchen geht es um die Grundfragen, mit denen auch die Religionen und die Kunst ringen. Märchen sind zwar weder theologische Abhandlungen noch psychologische Fallbeispiele, aber doch voll von dem, was unsere „Seele" belastet, bewegt und hält. Märchen sind Zeugnisse der Fraglichkeit und Fragwürdigkeit unseres Daseins.

Denn das ist ja eine, vielleicht die erstaunlichste Eigenart der Menschen: Wir leben – anders als die Tiere – mit mehr Fragen als Antworten. Ein Tier „kennt" und erkennt – nicht rational, aber instinktiv – nur die Probleme, auf die es eine Antwort „weiß": Die Antwort auf das Problem „Hunger" heißt „essen", die auf das Problem „Feind" „Flucht" oder „Verteidigung", die Antwort auf das Problem „Lebenszweck" heißt „überleben" oder vielleicht noch stärker „Vermehrung". Trifft ein Tier auf ein Problem, von dem es überfordert ist, so stirbt es aus.

Auch uns Menschen sind viele Antworten angeboren. So heißt auf das Problem „Mann" die gängige Antwort immer noch „Frau" und das würden Heranwachsende auch ohne jeden Aufklärungsunterricht herausfinden. Aber wir sind auch mit Fragen geschlagen und gesegnet, auf die wir keine natürliche Antwort haben: Welchen Sinn hat mein Leben? Sinn war ursprünglich kein abstrakter Begriff, sondern bedeutet „Weg", und von der Suche nach dem Weg erzählen Märchen wie Bibel immer wieder. Und was bleibt am Ende und hat Bestand? Kann ich mehr dem Schmerz um einen lieben Verstorbenen trauen, der nun ja nicht mehr greifbar ist, oder mehr meiner Liebe und Sehnsucht, die ihn nicht vergisst und aufgibt, sondern sich trauernd und dankbar erinnert und nicht an ein „Alles aus“ und einen Abschied für immer glauben will?

Geschlagen sind wir Menschen mit dem Verhängnis der Intelligenz, der relativen Weltoffenheit. „Die Tiere leben unbewusst und geborgen, die Menschen bewusst und ungeborgen“, so lautet ein gängiger Merksatz der Verhaltensforschung. Wir sind zugleich geschlagen und gesegnet mit dieser „felix culpa“, dieser glücklichen Schuld, diesem glücklichen Defizit, von dem das Exsultet singt, der uralte Hymnus zu Beginn der katholischen Osternachtliturgie. Denn wir sind – bislang – wegen der uns überfordernden Herausforderungen nicht untergegangen, sondern gewachsen.

Genug der Theorie, ich stelle nun ein baskisches Märchen vor. Die Erzählung wird mehrfach unterbrochen durch Nachfragen, Anmerkungen und Assoziationen, die nicht verbindlich sein sollen und können, aber vielleicht doch zur eigenen Auseinandersetzung anregen.

### *Der Turm zu den Sternen*

*Da war einmal ein König, der wartete schon lange Zeit auf einen Erben – aber seine Frau bekam keine Kinder. Der König befragte die Weisen des Landes, auch sie wussten keinen Rat. „Aber in den Bergen, mein König“, sagte einer, „da lebt ein alter Einsiedler, dessen Weisheit soll die aller Menschen übertreffen.“ – „Gut, so lasst den Alten kommen“, befahl der König. Aber die Diener, die er aussandte, kamen allein zurück; der Alte, berichteten sie, sei zu gebrechlich, um den weiten Weg zu wagen.*

*Da ließ der König ein Maultier satteln und ritt selbst hinauf ins Gebirge, drei Tage lang. Dann musste er noch einmal drei Tage zu Fuß weiter bis auf eine Bergkuppe. Dort stand eine kleine Kapelle und daneben eine Hütte. Der König trat in die Kapelle, da kniete der Einsiedler und betete.*

*„Sei gegrüßt, guter Mann“, sagte der König, „man sagt, dass du*

*mir einen Rat geben kannst." – „Falsch, ganz falsch", unterbrach ihn der Alte. „Schweig und bete!"*

*Ja, da kniete der König nieder, hat geschwiegen und gebetet, lange, sehr lange. Endlich erhob sich der Alte. „Komm!" Er führte den König in seine Hütte. „Ich weiß, was du willst", sagte er, „du sorgst dich um einen Erben!" – „Ja, ja, so ist es, frommer Mann", rief der König. Da beugte sich der Alte über eine Truhe, kramte und suchte darin und holte eine getrocknete Feige hervor und eine Nuss. „Hier, König, nimm diese Früchte. Isst deine Frau die Feige, so wird sie einen Sohn gebären, isst sie die Nuss, bekommt sie eine Tochter. Aber beides ist nicht ohne Gefahr. Bekommt ihr einen Sohn, so wird er mit achtzehn Jahren auf der Jagd umkommen. Bekommt ihr eine Tochter, so wird sie euch mit vierzehn Jahren geraubt, wenn du nicht sehr auf sie aufpasst!"*

*Der König dankte dem Alten für den Rat und die Gaben und eilte heim. Im Schloss angekommen, zeigte er der Königin gleich die beiden Früchte. „Isst du die Feige, so bekommst du einen Sohn, isst du die Nuss, eine Tochter!" – „Gut", sagte die Königin und griff nach der Feige, „ich habe mir immer einen Sohn gewünscht!" – „Aber er wird mit achtzehn Jahren umkommen!" – „Dann nehme ich lieber die Nuss", rief die Königin. – „Die Tochter wird man uns rauben, wenn sie vierzehn ist." – „Ach, besser ein geraubtes Mädchen als ein toter Sohn!" Die Königin nahm die Nuss und nach neun Monaten bekam sie ein Kind, ein allerliebstes Mädchen.*

*Den König aber quälte ständig die Angst, seine Tochter könne geraubt werden, und er beschloss, sie in einen hohen Turm zu sperren. Er ließ seinen besten Baumeister kommen und die tüchtigsten Maurer. „Baut mir einen Turm bis zu den Wolken und noch höher!", befahl er. Und die fingen an, auf festem Felsengrund einen Turm zu bauen. Als der so hoch war wie der höchste Baum, ließ der König seine Tochter mit ihrer Dienerin in den Turm bringen und die Tür wurde zugemauert bis auf eine kleine Luke, durch die man Essen und Trinken hereinreichen konnte. Und die Bauleute wurden auch mit eingemauert, sie sollten von innen weiter bauen und die Steine dafür mussten sie aus dem Felsengrund brechen. So wuchs der Turm höher und höher und je höher der Turm in den Himmel reichte, desto tiefer führte eine Treppe hinab in die Erde.*

Viele ganz märchentypische Motive und Bilder finden wir in dieser Vorgeschichte – und ein ganz ungewöhnliches, mir von nirgends sonst bekanntes Sinn-Bild.

Dass Eltern und häufig ein königliches Paar auf ein Kind warten, ist oft das Ausgangsproblem in den Märchen. Das Kind kann natürlich einfach ein ersehntes Kind bedeuten, steht oft aber auch sinnbildlich für die Zukunft, für das Überleben. In der Bibel wird diese Sehnsucht vor allem in der Abrahamsgeschichte ausgemalt (1. Mose 16-21), im Neuen Testament wird das Motiv dann noch einmal bei Zacharias und Elisabeth aufgegriffen (Lukas 1,5ff.). Und nicht selten, gerade in ostkirchlichen Ikonen oder wenn es im Märchen verkauft wird, steht das Kind auch für die „Seele", für das Lebendige, für das, was in uns wachsen will und sich nach dem Leben ausstreckt.

Der König muss akzeptieren und akzeptiert, dass er mit Macht nicht zu einem Kind kommen kann. Er macht sich selbst als Bittsteller auf einen langen Weg und erhält – wieder ganz märchentypisch – wunderbare Gaben, die ihm seinen Lebenswunsch erfüllen können. Aber wieder märchen- und lebenstypisch liegt ein Verhängnis über dem Wunsch: Das Königspaar wird die erwünschten Kinder verlieren.

Auch das ist nur realistisch: Wir verlieren unsere Kinder auf jeder Bedeutungsebene. Unsere leiblichen Kinder gehen von uns, wenn sie erwachsen werden. Das muss schon der biblische Jairus erfahren (Markus 5,21ff.), dessen „Töchterlein" Jesus eben nicht den alten Zustand absegnend die Hände auflegt, vielmehr nimmt Jesus die Zwölfjährige, zur Frau Werdende bei der Hand und heißt sie aufstehen und ihren Weg gehen. Auf der sinnbildlichen Ebene verlieren wir unsere Zukunft: Mit jedem Tag haben wir mehr Vergangenheit und weniger Zukunft in dieser Welt. Und wir verlieren unsere „Seele", gerade wenn wir sie retten und absichern wollen.

Denn das geschieht dem König, der seine Tochter aus Angst in einen Turm einmauert. Auch das ist ein häufiges

Märchenmotiv. Im bekannten Märchen Rapunzel finden wir dabei nur das Motiv des Turms, nicht das der die Zukunft verschließenden Angst. Während die Königin akzeptiert, dass ein Leben, das sie loslassen und verlieren muss, besser ist als gar keines, mauert der König aus Angst vor dem Verlust sein Kind ein – und verliert so schon längst vor der bestimmten Zeit, was er bewahren wollte. Und wieder bestätigt unsere Erfahrung dies oft genug: Was wir aus Angst einmauern – Kinder, Zukunft, „Seele" –, haben wir oft durch unsere Schutzmaßnahmen nicht behütet, sondern schon verloren. Im Evangelium wird diese Wahrheit deutlich benannt: „Wer seine Seele retten will, wird sie verlieren" (Markus 8,35; Matthäus 10,39; Lukas 17,33). Die heute übliche Übersetzung des griechischen *psychä* mit „Leben" verstellt oft den Sinn, denn es geht nicht um das biologische Dasein, sondern um die innere „Identität".

Nun freilich folgt ein Motiv, das ich aus keinem anderen Märchen kenne: der Turm zu den Sternen, der, von innen weitergebaut, zugleich in die Höhe und in die Tiefe wächst. Ein faszinierendes Bild. Die Höhe spiegelt sich in der Abgründigkeit. Und – der weitere Fortgang des Märchens wird das zeigen – es geht hier nicht wie beim Turmbau zu Babel um das Motiv des Hochmutes und Größenwahns und um die manchmal leicht missgünstige Erwartung, dass, wer hoch steigt, auch tief fallen wird. Mich erinnert dieser hochtiefe Turm an unser Menschenwesen. Je mehr wir unsere Träume und Ideale in den Himmel wachsen lassen, desto mehr Abgrund und Enttäuschung bauen wir ein. Wer vom Leben nicht mehr erwartet als geregelte Mahlzeiten und ausreichend Bettruhe, der wir nur selten bitter enttäuscht werden.

Mit diesem Bild vom doppelgesichtigen Turm endet die Vorgeschichte.

*Drei Tage bevor die Königstochter vierzehn Jahre alt wurde, sagte der alte Baumeister: „Prinzessin, der Turm reicht nun bis zu den Sternen. Weiter können wir nicht bauen!" – „Hab Dank", sagte die*

Königstochter, „es ist gut. Komm", sagte sie zu ihrer Dienerin, „ich steige jetzt hinauf, dann werden wir weitersehen." So stiegen sie die steile Treppe hinauf, weiter und immer weiter, bis sie zur Turmspitze kamen, da reichte der Turm bis zu den Sternen.

Die Königstochter schwingt sich über die Brüstung und geht auf den nächsten Stern zu. Als sie näher kommt, sieht sie: Es ist ein kleines Haus, das Fenster leuchtet hell.

Sie klopft an die Tür, ein schöner junger Mann kommt heraus. „Wer bist du?", fragt er. „Woher kommt du? Und was willst du?" – „Ich bin eine Königstochter", sagt sie, „ich komme von unten, aus dem Turm dort drüben. Mein Vater hat mich darin eingemauert. Aber ich will in die Welt gehen. – Und wer bist du?" – „Ich bin der Morgenstern. Hier vom Himmel führt kein Weg in die Welt. Aber dort drüben wohnt mein Bruder, der Abendstern, der hat mehr gesehen als ich, vielleicht weiß er, wie du hinunterkommst. Doch bevor du gehst, will ich dir etwas schenken. Nimm diesen silbernen Sternenstein. Bist du einmal in Not, so reibe ihn, und ich werde kommen und dir helfen."

Da dankt die Königstochter dem Morgenstern und geht zum Haus des Abendsterns. Wieder öffnet ein schöner junger Mann: „Wer bist du? Woher kommst du? Und was willst du?" – „Ich bin eine Königstochter, ich komme von unten, aus dem Turm dort drüben. Mein Vater hat mich darin eingemauert. Aber ich will in die Welt gehen!" – „Hier vom Himmel führt kein Weg in die Welt. Aber frage meine Mutter, die Mondfrau, die hat mehr gesehen als ich und kann dir vielleicht den Weg in die Welt zeigen. Und ich schenke dir diesen Sternenstein. Bist du einmal in Not, so reibe ihn, und ich werde kommen und dir helfen." – „Ich danke dir, aber sag mir doch: Wo finde ich die Mondfrau?" – „Unsere Mutter ist immer unterwegs. Aber du hast Glück, gerade heute Nacht wird sie hier zwischen unseren Häusern hindurchgehen."

Nun wartet die Königstochter, bis es am Himmel heller wird, und da sieht sie die Mondfrau kommen. Sie geht ihr entgegen und grüßt höflich: „Großmutter, ich wünsche dir viel Glück." – „Wer bist du? Und woher kommst du, Töchterchen? Und was willst du?" – „Ich bin eine Königstochter", sagt sie wieder, „ich komme von unten, aus dem Turm dort. Mein Vater hat mich darin eingemauert. Aber ich *will in die Welt gehen!" – „Liebe Kleine", sagt die Mondfrau, „die Welt ist gefährlich. Bleibe besser hier oben bei uns, wir werden für dich sorgen." – „Aber ich möchte nicht hier bleiben, ich möchte die Welt sehen!" – „Nun gut", sagt die Mondfrau, „dann musst du den Turm hinab bis zum Felsengrund und dann weiter die Treppe hinunter, die in die Erde gehauen wurde. Ganz unten kommst du an einen großen Stein. Nimm diesen goldenen Hammer, klopfe an den Stein, er wird sich öffnen. Dann geh durch einen langen dunklen Gang, so finster, dass ihn keine Kerze, keine Fackel erhellen kann. Aber nimm diesen goldenen Mondstein, der wird dir leuchten. Der dunkle Gang führt zu einer Kammer, darin haust ein gewaltiger Drache. Blende ihn mit dem goldenen Stein, dann schläft er ein. Und hinter der Kammer findest du eine Treppe, die führt in die Welt."*

*Da bedankt sich das Mädchen, nimmt Hammer und Stein, geht zurück zum Turm und schwingt sich über die Brüstung. Ihrer Dienerin, die oben auf dem Turm gewartet hatte, befahl sie, ihr zu folgen, dann stiegen sie Treppe hinab, den Turm hinunter, hinein in die Erde, tiefer und tiefer bis zu dem großen Stein. Die Königstochter schlug mit dem goldenen Hammer gegen den Stein – und der öffnet sich. Sie tritt in den langen dunklen Gang, holt den goldenen Stein hervor und alles wird hell wie in einer Vollmondnacht.*

*Lange, lange gehen sie weiter bis an eine Tür. Die Königstochter macht auf und kommt in eine Kammer, da ist ein Bett, auf dem liegt ein Drache. Er hebt den Kopf, sieht sie an, aber sie blendet ihn mit dem Mondstein, da muss der Drache die Augen schließen – und schläft ein. Die beiden Mädchen laufen durch die Kammer zur Tür auf der anderen Seite, gleich hinaus und die Treppe hinauf – so kamen sie in einen großen Wald und wieder aus dem Wald heraus in ein fremdes Königreich zu einer Stadt. Vor den Mauern stand ein kleines Häuschen, dort klopften die Mädchen an und baten um Unterkunft und das alte Paar, das dort lebte, hat sie gut aufgenommen.*

Das Märchen ist voll von jugendlichem Lebensmut und kindlicher Lebensfreude: *Die Königstochter schwingt sich über die Brüstung und geht auf den nächsten Stern zu.* Meine beiden älteren Kinder haben so den elterlichen Turm verlassen und bei allem wehmütigen Abschiedsschmerz, den ich nicht leugnen kann, habe ich mich doch auch mitgefreut an ihrem unbekümmerten Aufbruch in ein neues Leben. Diese Königstochter schläft nicht hundert Jahre im Turm wie Dornröschen, sie wartet nicht, bis jemand vorbeikommt, dem sie ihr Haar herunterlässt wie Rapunzel (das Haar ist noch immer das weibliche Signal), um sie aus ihrer Einsamkeit zu erlösen – sie schwingt sich über die Brüstung und geht auf das zu, was leuchtend vor ihr liegt. Tröstlich immerhin für alle elterlichen Turmbauer: Der Turm ist zwar kein Schutz, aber auch nicht wirklich ein Gefängnis. Diese Königstochter nutzt ihn als Treppe für ihren Aufstieg in die Höhe wie den Abstieg in dunkle Tiefen. In den Höhen wird sie freundlich empfangen und beschenkt, aber oben bleiben will sie nicht, sie will in die Welt gehen. Vom Ideal zur Wirklichkeit, meint das Märchen, führt der Weg aber nicht direkt, sondern nur durch die Tiefe. Und doch war der Aufstieg kein Umweg oder gar Irrweg: Aus den Höhen nimmt die Königstochter mit, was sie die Tiefen durchwandern und überstehen lässt.

Nach menschlichem Ermessen bin ich im späten Mittelalter meines Lebens. Die Jugendträume von einem anderen, einem besseren Leben sind im Lauf der Jahrzehnte ziemlich „geerdet" worden, aber sie sind weder falsch noch ganz verloren, und etwas von dem Licht der frühen Jahre hat mir durch manche spätere Dunkelheit geholfen.

Mit den himmlischen Gaben kommt unser Königskind durch dunkle Gänge und vorbei am Drachen in die Welt. Wir müssen nach den Sternen greifen, meint das Märchen, um auf verschlungenen Wegen in die Welt zu finden. Wie wird es weitergehen mit unserer Königstochter?

*In der Nacht aber, als sie schliefen, erwacht der Drache und er erinnert sich an die Schöne, die ihn geblendet und in Schlaf versenkt hat. „Warte nur! Dich kriege ich!"*

*Er erhebt sich und folgt den Spuren der Mädchen die Treppe hinauf durch den Wald bis zu dem Häuschen vor der Stadt. Durchs*

*Fenster erblickt er die Königstochter, die schläft. Leise, ganz leise öffnet der Drache die Tür, ergreift die Schlafende ganz sanft, sie merkt nichts davon, und trägt sie in seine Kammer.*

*Am Morgen, es ist der Geburtstag der Königstochter, der Tag, an dem sie vierzehn wird, da erwacht sie in der Kammer des Drachen. „Nie wieder wirst du diese Kammer verlassen", sagt der, „es sei denn, du heiratest mich!" – „Na, das werden wir ja sehen", sagt die Königstochter, nimmt einen der silbernen Sternensteine aus ihrer Tasche und reibt ihn und gleich da erscheint der Morgenstern. Er sieht das Mädchen an und dann den Drachen: „Königstochter, du bist in Not?" – „Oh ja, der Drache will mich nicht freilassen, es sei denn, ich heirate ihn!" – „Königstochter, ich will versuchen, dir zu helfen." Der Morgenstern wendet sich an den Drachen: „Was verlangst du, dass du die Königstochter freilässt?" – „Hm, wenn sie mich nicht heiraten will, so soll sie mir als Preis für ihre Freiheit wenigstens den goldenen Stein geben, mit dem sie mich geblendet hat." – „Königstochter, gib ihm den Stein", sagt der Morgenstern und die gibt ihm den Mondstein und der Drache verschließt ihn in seiner Schatztruhe – und seither liegt das Gold in den Tiefen der Erde.*

*Nun aber hat der Drache das Mädchen freigegeben und der Morgenstern hat sie wieder herausgebracht aus der Erde, dann ist er heimgekehrt zum Himmel.*

Nachdem es bislang fast zu glattging, holt die Vergangenheit die Königstochter wieder ein, sie wird – typisch – vom Drachen geraubt, ganz wie ihr vom Schicksal bestimmt. Aber mag auch manches unausweichlich auf uns zukommen, wir sind, erzählt das Märchen, dem Geschick doch nicht wehrlos ausgeliefert. Was die Königstochter bei ihrem Weg zu den Sternen gewonnen hat, das hilft ihr nun in der Not.

Auch die Bibel und die christliche Tradition wissen um diese Spannung zwischen unausweichlich Vorgegebenem und uns herausfordernd Aufgegebenem. Im Alten Testament klingt in den Schriften der Propheten immer wieder die Spannung an zwischen dem von Israel heraufbeschworenen, scheinbar unaufhaltsamen Unheil und der Möglichkeit, durch Umkehr im Untergang doch noch einen Neuanfang zu eröffnen. Und Jesus geht seinen Weg zwischen dem als Konsequenz unvermeidlichen Kreuz und dem gerade dadurch möglichen neuen Leben.

Ungewöhnlich in unserem Märchen ist freilich die Art der Hilfe. Der rettende Morgenstern tritt nicht auf als Drachentöter, vielmehr – und aus keinem anderen Märchen ist mir dieses Motiv bekannt – verhandelt er mit dem Drachen. Das mag zunächst als eine eher weibliche Lösung erscheinen in einem Märchen mit mädchenhafter Heldin. Aber ist es nicht eine kluge Lösung, den Drachen, das Dunkle, Chaotische, tief in uns Hausende nicht zu bekämpfen, sondern sich mit ihm zu arrangieren? Ohne Zögern lässt die Königstochter das Mondgold in den Tiefen und verfolgt weiter ihren Weg in die Welt. Und wie mag das weitergehen? Märchentypisch fehlt noch der Prinz, aber unsere Königstochter gehört, das ist sicher längst klar, nicht zu den oft eher hilflosen Mädchen, die wir in vielen Grimmschen Märchen finden.

*So kam das Mädchen zurück zum Haus der Alten, als diese gerade erwachten. Und sie gab dem alten Mann den silbernen Stein, den ihr der Morgenstern geschenkt hatte. „Ich bitte dich", sagte sie, „geh in die Stadt und verkaufe diesen Stein und höre dich um, was es Neues gibt." Der Alte ging und kam zurück mit dem Geld, das er für den Stein bekommen hatte, und mit Neuigkeiten: „Der Sohn des Königs wurde gefangen genommen, nun liegt er im Kerker in einem Schloss im Maurenland. Wer ihn befreit, dem hat unser König das halbe Reich versprochen." – „Geh noch einmal", bat die Königstochter den Alten, „kaufe Männerkleider für mich, ich will aufbrechen und sehen, ob ich den Königssohn befreien kann." Der Alte ging wieder und kaufte ein und als die Königstochter sich umgezogen hatte, sah sie aus wie ein hübscher Bursche. Und dann bestieg sie ein Schiff und fuhr ins Maurenland.*

*Als sie dort ankam, herrschte überall großer Jubel in der Maurenstadt, weil man den Sohn eines Christenkönigs gefangen hatte.*

*Und der Maurenkönig hatte geschworen, den werde er nur freilassen, wenn der Christenkönig sich ihm unterwerfen würde. Der Gefangene lag, das fand die Königstochter bald heraus, im tiefsten Kerker des Maurenschlosses, das Schloss aber stand hoch oben auf einem Felsen und war von Mauern und Wachen umgeben, sodass niemand unbemerkt eindringen konnte.*

*Da wartete sie bis zur nächsten Vollmondnacht, ging dann zum Fuß des Felsens, auf dem das Schloss stand, und schlug mit dem goldenen Hammer der Mondfrau gegen den Fels. Der öffnet sich und ein Gang führt geradewegs in den Kerker des Königssohnes. Der war mit Ketten an den Fels geschmiedet und konnte sich kaum rühren, aber das Mädchen schlägt nur mit dem Hammer gegen die Ketten, da sprangen sie ab. Dann weckte sie den Schlafenden: „Sei still und folge mir!" Sie flohen durch den Felsengang und dann durch die Stadt hinunter zum Hafen. Erst wussten sie nicht, wie sie übers Meer kommen sollten, doch dann erinnerte sich das Mädchen an den zweiten Sternenstein, rieb ihn und sogleich steht der Abendstern vor ihr: „Königstochter, was willst du?" – „Wir sind auf der Flucht und müssen übers Meer!"*

*Da hebt der Abendstern eine Hand und eine silberne Barke gleitet lautlos heran, sie steigen ein und dann sind sie schnell wie der Wind über das Meer gefahren und waren noch vor dem Morgen in der Heimat des Königssohnes.*

*„Ich bin ja ein Mädchen", sagte die Königstochter zu ihm, „ich kann dich doch nicht in Männerkleidern aufs Schloss begleiten. Aber morgen komme ich zu dir." – „Gut", sagte der Prinz. „Morgen kommst du zu mir und übermorgen heiraten wir!"*

*Also ging er hinauf ins Schloss seines Vaters und das Mädchen kehrte in das Häuschen der Alten zurück. Ja, und da erzählte sie, was sie erlebt hatte, von dem goldenen Hammer und von der silbernen Barke und die Alten konnten es kaum glauben.*

Unsere Königstochter sorgt selbst dafür, dass sie ihren Prinzen bekommt, sie schlüpft in die angebliche Männerrolle und befreit ihn mit einer selbst in Märchen nicht häufig zu findenden Leichtigkeit. In der zweiten Krise hilft – wir haben es geahnt – der zweite Sternenstein, rettet der

Abendstern und nichts, scheint es, steht der märchenhaften Hochzeit noch im Weg. Die Königstochter muss nur wieder ihre weibliche Gestalt annehmen.

Aber noch einmal tritt ein Rückschlag ein, wieder mit dem Schlaf verbunden, und eine bislang nur schattenhaft aufgetretene Nebenfigur greift nun nach der Hauptrolle:

*Die Dienerin aber wurde ganz neidisch, weil ihre Herrin so ein Glückskind war. Sie mischte ihr am Abend ein Schlafmittel in den Wein und am nächsten Morgen schlief die Königstochter so tief und fest, dass nichts und niemand sie wecken konnten.*

*Die Dienerin aber schlüpfte in ihre Kleider, nahm den goldenen Hammer und lief hinauf zum Schloss. Dort herrschte großer Jubel über die Rückkehr des befreiten Königssohnes und die Dienerin, die sagte, sie habe ihn gerettet, wurde mit allen Ehren empfangen und in den Thronsaal geleitet, wo der König mit seinem Sohn beim Frühstück saß. Und der König erhob sich und sprach: „Du sollst meinen Sohn heiraten und bekommst dazu das halbe Reich!"*

*Aber der Königssohn war gar nicht einverstanden: „Mädchen, im Mondlicht hast du ganz anders ausgesehen. Vater, das ist nicht die, die mich befreit hat!" – „Und ob ich das bin", rief die Dienerin, „hier, mit diesem goldenen Hammer hab' ich dich befreit!" – „Und ich glaube es trotzdem nicht", rief der Königssohn.*

*Der alte König strich sich den Bart. „Nun, wir wollen sehen, ob du die Richtige bist. Sag mir: Wie bist du ins Gefängnis eingedrungen!" – „Ich habe mit dem Hammer gegen den Felsen geschlagen und der hat sich aufgetan!" – „Und wie seid ihr an ein Schiff gekommen, um aus dem Maurenland zu fliehen?" – „Ich hab' den Sternenstein gerieben und der Abendstern hat mir eine silberne Barke gebracht!" – „Und wo hast du in der Barke gesessen? An Backbord oder an Steuerbord?" – „An Steuerbord", meinte die Dienerin.*

*„Falsch, ganz falsch", lachte der Prinz, „an Steuerbord hab' ich gesessen und an Backbord die, die mich wirklich befreit hat!"*

*Na, die Dienerin hat zwar beteuert, sie habe sich nur versprochen oder vertan, das könne doch vorkommen, aber das half nichts. Der König schickte seine Wachen aus, die sollten nach der richtigen Retterin suchen. Und endlich fanden sie die Königstochter auch im*

*Häuschen der Alten und brachten sie – noch immer schlafend – ins Schloss. Und kaum hatte er sie gesehen, da rief der Königssohn: „Ja, das ist sie! Die hat mich befreit!“*

*Sie mussten noch eine ganze Weile warten, erst am Abend wachte die Königstochter wieder auf: „Wo bin ich?“ – „Na, heute wolltest du doch zu mir kommen“, rief der Prinz, „und morgen heiraten wir!“ Er erzählte ihr alles und die Königstochter war so glücklich, dass sie ihrer Dienerin verziehen hat – aber sie mochte sie nicht mehr sehen und hat sie fort geschickt in ein anderes Land.*

*Und am nächsten Tag wurde dann Hochzeit gefeiert und die Leute sagen, gekommen wären auch der Morgenstern und der Abendstern und sie hätten dem Brautpaar ein Stückchen Himmel mitgebracht.*

Nicht selten begegnet in Märchen eine neidische Dienerin, die den Platz der Braut einnimmt; das wohl bekannteste Beispiel in der Grimmschen Sammlung ist „Die Gänsemagd“. Ist diese Gestalt zu entschlüsseln als die schattenhafte „Dienerseele“, die berechnend hinter der mutigen Großzügigkeit der Königstochter lauert? Oder ist die Dienerin nur eine Gegengestalt, die dem Zueinanderfinden von Königstochter und Prinz einen letzten Spannungsbogen gibt? Wir müssen nicht jede Figur entschlüsseln und ein Märchen ist keine Allegorie, in der jeder Figur eine bestimmte Bedeutung zugeschrieben ist, sondern eine Geschichte, die nicht von tiefsinnigen Konstruktionen lebt, sondern von ihrem Spannungsbogen. Die Spannung wird noch deutlicher und realistischer, wenn unsere so energische Königstochter („tough“ würden meine Kinder sie wohl nennen) nicht immer unangreifbar bleibt. Schlafend – auch sie muss einmal zur Ruhe kommen – ist sie den Gegenkräften (in ihr und/oder um sie) ausgeliefert. Aber was in Märchen mit ähnlichem Motiv meist so befremdlich wie hochdramatisch auserzählt wird – der Bräutigam bemerkt nicht, dass die Braut vertauscht wurde, oder er hat die wahre Braut vergessen –, wird in unserem Märchen knapp, wieder leicht und fast schwankhaft geschildert. Dieser

Prinz, der seine Braut nur nachts und in Männerkleidern gesehen hatte, hat sie doch so gut erkannt, dass er die falsche Braut durchschaut; er ist vielleicht kein Kämpfer und Held, aber ein Sehender. Und der alte König kann die Dienerin mit einer listigen Fangfrage entlarven. Tröstlich für uns Eltern und Ältere, dass wir in Gestalt dieses alten Königs doch noch versöhnlich mitwirken können am Glück der Kinder. Und so endet alles in Frieden, selbst die falsche Dienerin darf – wie der Drache – am Leben bleiben, wird nur auf Distanz gehalten, und Morgenstern und Abendstern erscheinen wie Trauzeugen zur Besiegelung des glücklichen Endes.

Ein heiteres, beschwingtes, oft augenzwinkerndes Märchen, dennoch mit Bildern, die mich an grundsätzliche Lebenserfahrungen erinnern. Aber erzählt das Märchen von Gott? Gewiss nicht ausdrücklich, das tun Märchen fast nie, und wenn einmal Gott als handelnde Figur auftaucht, dann habe ich große Anfragen an das vom Märchen gezeichnete Gottesbild. Aber das Märchen spiegelt uns Menschen auf der Suche nach der Welt, nach dem Leben, nach Weg und Sinn und Sternenlicht.

Einige Gedanken über uns als Suchende bleiben mir mit Bildern aus diesem Märchen in Erinnerung.

1. Da ist der so merkwürdige wie eindrucksvolle Turm zu den Sternen und in die Drachentiefen. Wir müssen Symbole nicht eindeutig entschlüsseln, sie sind immer mehr- und doppeldeutig, aber mich erinnert der Turm an unser menschliches Bewusstsein, das bis zu den Sternen reicht – und in die dunklen Tiefen. In diesem Turm sind wir zugleich zu Hause und gefangen, wie in Schutzhaft, aber wir haben ihn weder errichtet noch uns ausgesucht. Evolution und Erziehung haben mit gebaut an diesem inneren Turm und beide, Evolution und Erziehung, arbeiten wesentlich nach dem Gesetz der Anpassung. Jede Erziehung, auch jede religiöse Erziehung hat wohl zunächst zu tun mit dem, was Sigmund Freud das Über-Ich nannte, eine verinnerlichte Ansammlung

von „Anpassungen“: Gebote und Verbote, Ideale und Konventionen, Regeln und Verhaltensmuster. Dieser „innere Turm“ – mit Paulus könnte man ihn auch „das Gesetz“ nennen – beschützt uns vor Fehlern, aber er engt uns auch ein – wie jeder Schutz. Der Turm des Gesetzes ist nicht schlecht, aber auch nicht ganz ungefährlich: Wie leicht können wir Gefangene unserer Schutzmaßnahmen werden und die Sehnsucht nach dem Leben vergessen. Wer freilich so mit dem Turm umzugehen weiß wie die Königstochter, wer, wenn die Zeit gekommen ist, es wagt, sich über die Brüstung zu schwingen und auf den nächsten Stern zuzugehen, für den ist der Turm eine Chance, den Himmel zu berühren und in Tiefen hinabzusteigen, ohne sich zu verlieren. Aber es ist eine alte und immer neue menschliche und religiöse „Falle“, den Turm mit dem Himmel zu verwechseln und den Weg mit dem Ziel.
Denn der Weg ist, auch wenn man das heute häufig sagt, nicht einfach das Ziel; der Weg als Ziel ist eher die besinnungslose Devise einer Wachstums- und Mobilitätsbewegung, der das „Mehr“, „Weiter“, „Schneller“ wichtiger ist als das „Wohin“ und „Wozu“. Gewiss ist für den, der nach Santiago pilgert, nicht Santiago das Ziel, aber das Ziel ist auch nicht der Weg, sondern die innere Erfahrung, die er auf dem Weg macht. Dass ich zu mir komme, ist gewiss wichtiger und etwas anderes, als dass ich nach Santiago komme, aber es ist auch wichtiger und etwas anderes als die Tatsache, dass ich die sportliche Leistung des Marsches bewältigt habe. Immer ist jede „Institution“, auch die Kirche, in Gefahr, sich nicht mehr als Weg zu verstehen, sondern sich schon zum Ziel zu machen. Und immer braucht es Menschen, die sich über die Brüstung schwingen und auf den nächsten Stern zugehen – oder wie Petrus aus dem festgefahrenen Boot aussteigen und übers Wasser dem geheimnisvoll auf uns zukommenden Christus entgegengehen (Matthäus 14,22ff.).

2. Ein weiteres Sinnbild aus dem Märchen sind die himmlischen Gaben, der goldene Hammer und die silbernen Sternensteine. Ich muss diese Bilder nicht ausdeuten, ein Märchen hat mehr von einem Traum als von einer Allegorie. Aber die Bilder sprechen doch von Licht, das Licht herbeiruft: Das sind für mich manche Gebete und Gedichte, manche Märchen und Musik. Und sie sprechen von einem Werkzeug, das Felsen und Ketten sprengt. Erinnert das an die Kraft, durch die Dietrich Bonhoeffer auch im Gefängnis ein wirklich freier Mann blieb? Ich jedenfalls finde in diesen Bildern etwas von dem, wie ich von Kindheit an meinen Glauben erlebt habe: nicht als Hemmschuh, Fessel oder Last, sondern als ein Geschenk, dessen Wert sich gerade in den Krisen gezeigt hat. Zwar ist Glaube kein Zaubermittel, um sich die Welt schön zu wünschen. Aber mit einem Sternenstein und einem goldenen Hammer in der Tasche und in der Seele lebt und geht es sich leichter auf dem Lebensweg.
   Allerdings muss ich wissen, spüren oder lernen, wann es an der Zeit ist, Stern und Hammer hervorzuholen. Nach unserem Märchen dürfen wir diese Gaben nur benutzen, um die Freiheit zu bewahren, um weiterzukommen auf dem uns bestimmten Weg. Ich hoffe und wünsche und möchte daran mitwirken, dass Kirche nicht nur ein Turm zu den Sternen ist, sondern immer wieder auch ein „Haus des Morgensterns“, wo Menschen etwas geschenkt bekommen, was sie ermutigt weiterzugehen, weil sie wissen, dass sie diesen Weg nicht allein gehen.
3. „Ich bin eine Königstochter“, sagt die Sternenwanderin, wenn ihr die drei großen Lebensfragen gestellt werden. Mir wird oft von Menschen, die mit dem Christentum und den Kirchen wenig zu tun haben, die Frage gestellt, ob ich kurz und ohne Fremdworte erklären könne, was mir Christsein bedeute. Christ, sage ich dann immer, ist ein griechisches Wort und bedeutet „Gesalbter“.

Gesalbt wurden in biblischer Zeit die Könige. Christsein heißt wissen, dass jede und jeder ein Königskind ist, dass wir eine unsichtbare Krone tragen, die uns niemand nehmen kann. In meiner Kirche wird ein Kind bei der Taufe gesalbt: Du bist ein Königskind, weil du da bist, vor jeder Leistung. Wenn ein Mensch mit seiner Kraft am Ende ist, gibt es wieder eine Salbung, die Krankensalbung: Du bleibst ein Königskind, deine Würde hängt nicht an deiner Stärke. Um nicht missverstanden zu werden: Der Unterschied zwischen Christen und Nichtchristen ist nicht, dass nur Christen Königskinder wären oder dass sie mehr Königskinder wären als andere; Christen sollten um die Krone aller wissen! Nur wer seine Krone spürt, sieht die Kronen anderer, wer sich selbst für Dreck hält, sieht auch ringsum nur Dreck.

Königskinder sind wir, nicht die Herren der Welt, Kinder Gottes, nicht Gott. Wir sind nicht alles, aber auch nicht nichts. Die Märchen zeigen diese Stellung der Königskinder in natürlich nicht-theologischer Sprache: Unsere Königstochter ist nicht die Herrin des Schicksals, die Entführung ist nicht zu vermeiden und das Bemühen des Vaters, sie im Turm davor zu schützen, bringt den Drachen gerade erst ins Spiel. Der Vater ermöglicht gerade das, was er verhindern wollte. Aber die Königstochter tritt dem Geschick entgegen: Sie hat mit ihrem mutigen Aufbruch die Gaben gewonnen, mit denen sie antworten kann auf das, was unabänderlich auf sie zukommt. Doch ist sie keine Unverwundbare, zweimal wird sie im Schlaf überwältigt. Aber selbst in der Not ist sie nicht verlassen und allein. Sie ist, wie die Märchenforscher sagen, eine typische „erlösungsbedürftige Erlöserin" – wie wir alle. Wir können und müssen geben und wir können und müssen nehmen. Sich dem Schicksal zu stellen, Helfer zu sein und Helfer zu finden, das kennzeichnet die Königskinder der Märchen.

So gibt mir das Märchen drei Ratschläge mit:

1. Nutze den Turm der Welt, in dem du lebst, und den Turm des Bewusstseins in dir, erkunde Höhen und Tiefen und schwing dich über die Brüstung, wenn es Zeit ist, und geh auf die Sterne zu.
2. Vergiss nicht den Sternenstein, der dir helfen kann, deinen Weg zu gehen. Und bewahre den goldenen Hammer, der Mauern und Ketten sprengt.
3. Vergiss nicht, wer du bist: ein Königskind. Nimm dein Schicksal an, aber tu, was du kannst. Sei dazu ein Freund und Helfer des Lebens und suche Freunde und Helfer.

*2. Kapitel*

## Der Pfefferbaum
oder:
## Sing gegen die Verzweiflung

Die Königstochter, die zu den Sternen greift, ist eine märchenhaft-ermutigende Urgestalt des Lebens, aber sie ist nur *ein* Vorbild unserer Existenz. Der Leichtigkeit, mit der manche junge und jung gebliebene Menschen das Leben in Angriff nehmen und die Welt erobern wollen, widerspricht das bange Gefühl der verlassenen und überforderten Erdenkinder. Auch dieses typische und immer wiederkehrende Lebensgefühl findet im Märchen seine Verdichtung. Da verlaufen wir uns mit der Heldin im dunklen Wald oder werden von den eigenen Eltern verspielt oder verstoßen, aber besonders hart erscheint uns, wenn sich die Mutter, eigentlich doch Ur-Bild der selbstlosen Liebe und Geborgenheit, als mörderische Feindin entpuppt. Hier folgt das kürzeste mir bekannte Märchen dieses Typs:

### *Der Pfefferbaum*

*Es war einmal eine Frau, die hatte eine Tochter und sie hing ein Bündel Feigen auf zum Trocknen. „Ich geh' jetzt", sagte sie dann zu dem kleinen Mädchen. „Wenn ein schwarzer Vogel kommt und die Feigen fressen will, jag ihn fort! Denn komme ich zurück und der Vogel hat die Früchte gefressen, so töte ich dich!"*

*Die Mutter ging und verwandelte sich in einen schwarzen Vogel, kam zurück und fing an, die Feigen zu fressen. Und was das Mädchen auch tat, um den Vogel zu verscheuchen, der flog nicht weg. Da sang sie:*

*„Bitte, schwarzer Vogel, bitte,*
*friss doch diese Feigen nicht!*
*Denn meine Mutter hat gesagt:*

*Gibst du nicht auf die Früchte acht,*
*begrab' ich dich lebendig!"*

*Doch erst als der Vogel alle Früchte gefressen hatte, flog er davon. Da kam die Mutter zurück: „Was hast du den Vogel die Feigen fressen lassen?" Das Mädchen sagte, was immer sie auch getan habe, um den Vogel zu vertreiben, der sei nicht weggeflogen. Da hob die Mutter ein Loch aus und begrub das kleine Mädchen lebendig. Und auf ihr Grab pflanzte sie einen Pfefferbaum. Den Leuten aber sagte sie, sie wisse auch nicht, wo ihre Tochter geblieben sei.*

*Die Frau hatte auch einen Sohn. Der kam zu dem Baum und wollte Pfeffer pflücken. Da singt der Baum:*

*„Bitte, kleiner Bruder, bitte,*
*pflück doch diesen Pfeffer nicht!*
*Denn meine Mutter hat gesagt:*
*Gibst du nicht auf die Früchte acht,*
*begrab' ich dich lebendig!"*

*Da ließ der Bruder den Pfeffer, lief heim zu seinem Vater und erzählte ihm von dem singenden Baum.*

*Nun kommt der Vater, um Pfeffer zu pflücken, und abermals singt der Baum:*

*„Bitte, lieber Vater, bitte,*
*pflück doch diesen Pfeffer nicht!*
*Denn meine Mutter hat gesagt:*
*Gibst du nicht auf die Früchte acht,*
*begrab' ich dich lebendig!"*

*Der Vater aber gräbt sein Kind aus der Erde, es lebt, und er geht mit dem Mädchen nach Hause. Und die Mutter, die nimmt er und hat sie lebendig begraben.*

Verglichen mit dem „Turm zu den Sternen" ist „Der Pfefferbaum" kein schönes Märchen – aber doch nicht weniger wahr. Überall auf der Welt erzählt man vergleichbare Geschichten von mörderischen Müttern, in der Grimmschen Sammlung sind das etwa „Hänsel und Gretel", „Schneewittchen" oder „Der Machandelboom". Erst die Brüder Grimm haben die Mutter durchgängig umgeformt zur Stiefmutter, noch in der Grimmschen Urfassung von 1812 ist die schöne, aber böse Königin Schneewittchens Mutter; ihr Befehl an den Jäger lautet, das Mädchen in den Wald zu bringen, „und da stichs todt, und bring mir zum Wahrzeichen seine Lunge und seine Leber mit, die will ich mit Salz kochen und essen!"

Was mag hinter diesem gruseligen Bild stehen? Welche Erfahrung hat sich hier eine Geschichte gesucht? Heutige Auslegungen kreisen meist um Mutter-Tochter-Konflikte, um die schwierige Ablösung des Kindes von der als übermächtig-verschlingend erlebten Mutter oder um die Rivalität zwischen der heranwachsenden jungen Tochter und der allmählich alternden Frau. Ich erlebe oft, dass Mütter sich selbstkritisch fragen, ob sie ihren Töchtern auch so lebensfeindlich erscheinen mögen.

Aber es scheint mir nicht sehr wahrscheinlich, dass Konflikte, die typisch sind für moderne „kleinfamiliäre" Verhältnisse, den ursprünglichen Erfahrungshintergrund der Märchen gebildet haben. Auch ist die Mutter im Märchen nicht einfach die Mutter aus der Alltagswelt. Sie ist wie alle Märchenfiguren Metapher, Sinnbild, nicht Porträt. Natürlich ist es nicht falsch, moderne Mutter-Tochter-Konflikte in einem Märchen zu spiegeln, aber es geht hier doch um eine weit grundlegendere Erfahrung.

Im Märchen betraut eine Mutter ihre Tochter mit einer Aufgabe, was ja ganz alltäglich ist, aber dann gleich schlägt die Geschichte um und wird erschreckend: Für den Fall des Versagens droht die Mutter ihrer Tochter mit dem Tod. Und dann erscheint diese Raben-Mutter noch bösartiger und grausamer als sonstige böse Märchen-Mütter: Sie sorgt selbst dafür, dass das Mädchen die Aufgabe gar nicht erfüllen kann.

Das Märchen gibt uns keinen Hinweis auf das mögliche Motiv der Mutter – von Rivalität und Neid wie bei „Schneewittchen" oder vom Hunger wie bei „Hänsel und

Gretel“ ist nicht die Rede. Ihr Verhalten erscheint einfach sinn- und grundlos böse und darum so absurd.

Nichts an meiner eigenen Mutter oder an meiner Frau erinnert mich an diese Rabenmutter. Selbst Frauen, die im Alltag Mutter sind, sind ja nicht die Mutter des Märchens. Die Sympathie- und Handlungsträgerin des Märchens ist die Tochter. Sie ist eine „Seelengestalt“; dazu stimmt, dass Menschen sich die „Seele“, die *anima,* die *psychä* immer weiblich vorgestellt haben.

Und doch haben wir beseelten Menschenkinder alle eine solch mörderische Mutter, und zwar nicht nur im übertragenen, sondern im ursprünglichsten Sinn. Das Bild der Mutter, die ihre Kinder ums Leben bringt, erinnert an die „Große Mutter“ Erde. Die „Materia“ ist ja der eigentliche Mutterstoff des Lebens und all die einzelnen Mütter haben ihr Muttersein nur von dieser „Großen Mutter“ geborgt. Doch alles, was geboren wird, muss sterben und alles Leben, was die Natur, die Evolution, so überreich hervorbringt, verschlingt sie mitleidlos auch wieder. Immer waren die alten Muttergottheiten auch Todesgöttinnen. Die Mutter in „Hänsel und Gretel“, die den Tod der Kinder verlangt, begründet dieses Todesurteil gegenüber ihrem widerstrebendem Mann: „Wenn du das nicht thust, ... so müssen wir alle miteinander Hungers sterben“, heißt es in der Urfassung der Grimmschen Märchen von 1812. Das ist ein gewiss unbewusstes, aber treffendes Sinnbild für das unvermeidliche Gesetz der Evolution: Neue Generationen und Lebensformen können nur in die Welt kommen, wenn andere abtreten; das Sterben der Lebenden ist die Vorbedingung für das Nachkommen neuen Lebens und so bringt Mutter Natur ihre Kinder mitleidlos unter die Erde, um auf der Erde Lebensraum für ihre immer neuen Kinder zu schaffen.

Diese Vergänglichkeit allen Lebens ist eines der großen Welträtsel. Die Philosophie nennt es *Kontingenz,* manche Richtungen der Tiefenpsychologie *Daseinsangst* und die christliche Tradition *Erbsünde,* ein Begriff, der oft missverstanden wurde und darum aus unserem Denken fast verschwunden ist. Aber er ist doch erhellend für die Situation der Menschen, und für das Verstehen des Christentums ist er geradezu unerlässlich. Sünde meint nämlich zunächst – vor der Moralisierung und Pädagogisierung der Religion im Zuge der Aufklärung – nicht nur moralisches Fehlverhalten, sondern „Sonderung", Trennung, Zerrissenheit. „Erb-" bedeutet: nicht persönlich erworben, sondern angeboren. So ist das mit uns Menschen, die wir davon träumen, Königskinder zu sein: Wir müssen leben mit der uns an- und eingeborenen Frage nach dem zweifelhaften Sinn unseres unbeständigen und vergänglichen Daseins, mit Fragen, auf die wir keine Antwort in uns finden, mit innerlicher Zerrissenheit. Wir leben bewusst und ungeborgen, wir sind endlich und wir wissen es – und leiden daran.

Gerade dieses unabweisbare Wissen um unsere *Kontingenz,* unsere Vergänglichkeit, unterscheidet uns Menschen von den Tieren. „Die zwei Kinder waren auch noch wach vor Hunger und hatten alles gehört, was die Mutter zum Vater gesagt hatte", heißt es in „Hänsel und Gretel". Während die tierischen Erdenkinder schlafen, sind wir Menschenkinder wach und haben das Raunen der Natur gehört, wir wissen um ihre für uns mörderische Absicht: Was geboren ist, wird sterben, und was ist, wird verwesen.

Das Märchen vom Pfefferbaum drückt dieselbe Erfahrung aus im Bild der Feigen, der Lebensfrüchte, die wir hüten sollen und doch nicht bewahren können: Was uns das Leben gibt, zehrt es auch wieder auf, was heute lebt, wird mit Sicherheit sterben. Nichts von dem, was ich mit meinem Leben erreicht und geschafft habe, kann ich festhalten. Der schwarze Vogel frisst an jeder meiner Feigen. Der biologische Tod ist nur die extremste Form der Endlichkeiten, der tausend Abschiede und Todesgrenzen, die uns mitten im Leben umfangen.

Nur eine einzige Waffe und Gegenwehr hat das Mädchen, haben wir gegen die Vergänglichkeit und Vergeblichkeit des Daseins: den Gesang, die Poesie, die Magie. Jedes

Lied im Märchen ist ein Zauber. Die gesamte menschliche Geistes- und Kulturgeschichte erscheint mir wie ein Ansingen gegen die Angst, alles Leben sei vergeblich und grundlos. In dem Märchen bringt das Singen am Ende die Rettung. Zunächst erkennt der Bruder, dass hier etwas nicht stimmt; er ruft den Vater herbei, der als Richter die gerechte Ordnung wieder herstellt.

Wir müssen dem Bruder nicht eine bestimmte Bedeutung zumessen. Offensichtlich dient sein Auftreten dazu, den Spannungsbogen aufzubauen. Durch die Art der Komposition kann das Mädchen – märchentypisch – dreimal sein Lied singen. Vielleicht – das ist jedoch nicht zwingend – verkörpert der Bruder hier wie oft, wenn Geschwisterpaare miteinander auf dem Weg sind, die eher intellektuellen Fähigkeiten des Menschen, während die Schwester für die eher intuitiven Begabungen steht. Das ist bei „Hänsel und Gretel" sehr deutlich zu erkennen. Hänsel ist zupackend, aktiv, clever, aber all das bewahrt ihn nicht davor, in den Hexenstall gesperrt zu werden, wo er dann noch einmal sehr gewitzt statt seines Fingers ein Knöchelchen durch die Gitter steckt, wenn die Hexe das Ergebnis der Mast überprüfen will. Gretel weint die meiste Zeit, aber im entscheidenden Augenblick hat sie eine Eingebung und besiegt die Hexe. Sehr abstrakt könnten wir Hänsel auch als unsere rationale Begabung zu Analyse und Kritik verstehen und Gretel als unsere intuitive Begabung, die sich in Traum, Gebet und Poesie zeigen kann, jedoch auch in jenem unreflektierten und nicht angelernten, aber lebenspraktischen Wissen um das, was hier und jetzt zu tun ist. Viele Menschen haben dieses lebenspraktische Wissen etwa im Umgang mit kleinen Kindern. Vielleicht steht also der Bruder im Märchen vom Pfefferbaum für die intellektuelle „philosophische" Möglichkeit, sich denkend und mit einer gewissen Distanz mit dem Problem unserer Endlichkeit auseinanderzusetzen.

Wichtiger aber und klarer in seiner Rolle und Bedeutung ist der Vater. Der Vater steht im Märchen oft (natürlich nicht immer, kein Symbol ist eindeutig und eindimensional) für das, was man mit der Freudschen Psychoanalyse das „Über-Ich" nennen könnte. Die religiöse Symbolik spricht oft vom Vater im Himmel und philosophisch verkörpert dieser Vater das Sollen, die Mutter Erde das Sein. Denn es klafft eine „Gerechtigkeitslücke" zwischen Sein und Sollen. Wohl jeder hat schon einmal angesichts von himmelschreienden Fernsehnachrichten gedacht: Das darf doch nicht wahr sein! Was ist das für eine Welt, in der Kinder vergewaltigt werden! Die Liste der Unerträglichkeiten ließe sich lange fortsetzen.

In den Märchen mit einer bösen Mutter oder Stiefmutter ist der Vater oft seltsam schwach oder abwesend. Bei „Hänsel und Gretel" will er seine Kinder nicht im Wald aussetzen und kann sich doch nicht gegen das Todesurteil der Mutter behaupten. Bei „Schneewittchen" und all den verwandten Märchen ist der Vater einfach nicht da. Warum hilft er der bedrohten Tochter nicht? Das Sollen scheint so viel schwächer als das Sein, der Himmel unendlich fern.

In unserem kleinen Märchen aber beschwört das Lied das rettende Eingreifen des vorher gar nicht erwähnten Vaters. Er tritt auf als Weltenrichter, holt das Mädchen heim ins Leben und hebt das „rabenmütterliche" Todesurteil auf. Immer war es notwendig für menschliches Zusammenleben, sich vom (angeblich) „reinen Naturgesetz" des „Fressens und Gefressenwerdens" zu lösen. In „Hänsel und Gretel" ist es allerdings nicht der richtende Vater, der die Erlösung bewirkt, sondern der Vater selbst wird erlöst, als die Kinder durch ihre geschwisterliche Liebe das Hexengesetz der Mutter auslöschen. Theologisch gesagt, wird hier das Gottesbild durch die menschliche Liebe aus der Verstrickung in die „natürliche" Gewalttätigkeit erlöst.

In der Geschichte vom Pfefferbaum spricht sich – wie in allen wahren Märchen – eine Welterfahrung aus. Es ist eine Geschichte vom verzweifelten Bemühen, das Leben zu bewahren, und von der Hoffnung auf Rettung, auf eine gute Macht, die unserem Lebenshunger gerecht wird. Die gleiche Spannung spricht sich aus in einem gänzlich anderen und doch seelenverwandten Zeugnis menschlichen Fragens, dem biblischen Psalm 90. Dieser wird in der Überschrift dem Mose zugeschrieben, eine sicher nicht historisch zutreffende, aber doch aussagekräftige Zuordnung. Denn Mose ist nicht nur der große Führer Israels und Vertraute Gottes, er ist auch der erfolgreiche Gottesmann, der dennoch das Gelobte Land nur aus der Ferne sieht und nie selbst erreicht. Mit diesem „Schlüssel" ist der ganze Psalm, dessen Melodie uns nicht erhalten ist, doch schon „in Moll" gestimmt. Der Psalm beginnt:

1 *Herr, du warst unsre Zuflucht von Geschlecht zu*
*Geschlecht.*
2 *Ehe die Berge geboren wurden*
*und Erde und Festland in Wehen lagen,*
*bist du, Gott, von Ewigkeit zu Ewigkeit.*

Zunächst wird der Blick auf den Grund des Lebens gelenkt. In Israels Gebeten erscheint er freilich nicht als „Mutter", sondern als der Herr der Schöpfung, der *eine* Grund von allem, was ist. Doch wie das Märchen das zunächst „heimelige" Bild der Mutter verwandelt in eine Schreckensvision, so schlägt auch das Gottesbild um: Aus dem Schöpfer, der alles ins Leben ruft, wird der, vor dem alles zu Staub zerfällt.

3 *Du lässt den Menschen zurückkehren in den Staub,*
*du sprichst: „Kehrt zurück, ihr Menschenkinder!"*

Der Psalm benennt die Erfahrung, die Gott so schrecklich erscheinen lässt: die Erfahrung der Zeit und Endlichkeit. Gott – besser gesagt: das Gottesbild – wird zur Projektionsfläche für das Leiden an der eigenen Endlichkeit, ja, Gott erscheint als der, vor dessen Ewigkeit wir ins Nichts zurücksinken. Weil in uns Menschen die Sehnsucht nach „göttlicher" Unendlichkeit lebt, darum erfahren wir unsere Zeitlichkeit und Endlichkeit als Grund unseres Untergangs:

4 *Denn tausend Jahre sind in deinen Augen*
*wie der gestrige Tag, schon vorbei,*
*wie ein paar wache Stunden in der Nacht.*
5 *Du schwemmst sie fort, nur ein Schlaf ist ihr Dasein,*
*sie sind wie das Gras, das da wächst:*
6 *Am Morgen blüht es und wächst auf,*
*am Abend welkt es und ist verdorrt.*

Weil für den Beter nichts in der auf Gottes Willen gegründeten Welt grundlos, ohne Grund ist, darum muss für den Psalmisten auch unsere Vergänglichkeit ihren Grund haben: Dass wir vergehen, muss Folge unserer Vergehen sein.

7 *Ja, wir vergehen durch deinen Zorn,*
*durch deinen Groll werden wir zerstört.*
8 *Du stellst dir vor, was wir schuldig geblieben sind,*
*das, was wir verheimlichen wollen vor dem Licht deines Angesichts.*
9 *Ja, all unsre Tage enden in deiner Empörung,*
*unsere Jahre entschwinden wie ein Seufzen.*

Die Zeit lässt uns unsere Endlichkeit und Vergänglichkeit spüren, aber die Ideale, die wir in uns tragen und oft auf uns übertragen, machen uns unsere Unvollkommenheit klar; bleiben wir nicht ständig weit zurück hinter dem, was wir sein und tun könnten?

So erscheint das Leben als ein den endlichen, unvollkommenen Menschen ständig überforderndes Bemühen, dem unendlichen und vollkommenen Gott gerecht zu werden. Dieses Lebensgefühl ist keineswegs an eine religiöse Weltdeutung gebunden. Genug nicht-religiöse Menschen leiden ebenso an ihrer Begrenztheit, am Entschwinden ihrer Lebenszeit und am Scheitern an ihren Perfektionsansprüchen.

10 *Unsere Lebenszeit währt siebzig Jahre,*
*und sind wir rüstig, so werden es achtzig,*
*und was uns treibt, ist Arbeit und Sorge.*
*Ja, schnell ist's vorbei, und wir fliegen davon.*

Mir scheint, dieser Psalm spiegelt nicht die Erfahrung eines Menschen im Elend, der verzweifelt um sein Leben kämpft, sondern, ähnlich wie das Buch Prediger Salomo, die skeptisch-resignierte Lebenssicht eines durchaus erfolgreichen Mannes, der sich doch nicht mehr vormachen will und kann, seine Erfolge gäben dem Leben dauerhaften Sinn. Wer nicht weiß, wie er seine Kinder satt bekommen soll, wer keine Luft mehr bekommt, weil ihm das Wasser bis zum Hals steht, der denkt kaum nach über die Vergänglichkeit und Vergeblichkeit des Daseins, sondern schreit zum Himmel – wie etwa im rabenschwarzen Psalm 88. Aber auch ohne akute Not ist klar: Nichts, was ich tue, ist von unendlicher Bedeutung, nichts ist vollkommen gelungen. Natürlich wissen wir das „im Prinzip" alle und das intellektuelle Problem lässt sich auch bei einem Glas Rotwein am Kamin erörtern. Bildlich gesprochen: Es ist kein Problem des Bruders, aber es ist eine tiefe Kränkung unseres Lebensgefühls, unserer „mädchenhaften" Seele, die geliebt werden will. Bleibt uns also nur, unsere Hoffnung zu begraben, weil wir vor einem unendlichen väterlichen Anspruch so versagen müssen wie vor der Forderung der Großen Mutter?

11 *Wer begreift die Gewalt deines Grimms*
*und wie du zu fürchten bist in deiner Empörung?*
12 *Unsere Tage zu zählen, das lehre uns,*
*damit wir ein Herz voll Weisheit erlangen.*

Dann aber schlägt der Psalm – ganz typisch für die Psalmen – so plötzlich um wie das Märchen; aus der Resignation steht die der Verzweiflung entsprungene Hoffnung auf. Was das Märchen erzählt als Überwindung der mütterlichen durch die väterliche Macht, besingt der Psalm als „Umkehr" Gottes: Seine, nicht unsere „Umkehr" ist Grund der Hoffnung und die Rettung, denn nun erscheint Gott „umgekehrt", verändert sich das Gottesbild:

13 *Kehre um, Einer! Wie lang noch?*
*Hab doch Mitleid mit deinen Knechten!*
14 *Am Morgen sättige uns mit deiner Liebe,*
*damit wir lachen können und uns freun all unsre Tage.*
15 *Erfreue uns so viele Tage, wie du uns gebeugt hast,*
*so viele Jahre, wie wir Unglück sahen.*
16 *Sichtbar soll dein Wirken deinen Knechten werden*
*und dein Leuchten über ihren Kindern!*
17 *Und des Herrn, unsres Gottes, Freundlichkeit sei über uns,*
*und erhalte du für uns das Werk unserer Hände,*
*ja, erhalte du das Werk unserer Hände.*

Die Vergänglichkeit vergeht nicht für den Beter, aber sie ist aufgehoben in der Hand des Einen, der nur hier, am Wendepunkt, mit seinem geheimnisvoll-unaussprechlichen Namen angerufen wird. Weil er über uns wirkt und leuchtet und im Vertrauen in seine Menschenfreundlichkeit legt der Beter das Werk unserer Hände in Gottes Hände, auf dass er unser Tun und Sein vollendet und – märchenhaft gesagt – mit nach Hause nimmt.

Märchen und Psalm sind natürlich zwei grundverschiedene poetisch-literarische Formen und es gibt keine direkte Berührung oder gar Abhängigkeit zwischen beiden Texten. Und doch singen beide im Grunde das gleiche uralte Lied der Menschen, das immer neu angestimmt wird gegen die Angst und die Verzweiflung! Mir scheint, dass die Zaubermärchen, diese kleinen Botschaften von einem ganz anderen Leben, vom Wunder der Verwandlung und vom Sieg der Liebe über Tod und Trennung, und die in der Erfahrung Israels und in der Wirkung Jesu wurzelnde Gotteshoffnung gewiss unabhängige, aber doch seelenverwandte Wahrheiten sind, Wahrheiten, die sich wechselseitig erschließen können. Einerseits können „christliche" Fragen den Tief-Sinn der Zaubermärchen aufdecken, der sich nicht erschöpft in bloßer Unterhaltung oder populärpsychologischen Banalitäten. Andererseits können Sinnbilder und Deutegeschichten des Christentums neu plausibel und sinnvoll werden, wo Märchen uns sensibilisieren, unsere Seele „gepflügt" haben. Das Märchen vom „Pfefferbaum" wäre unterschätzt, wenn wir es nur als pubertäre Ablösungsgeschichte betrachten; es geht nicht um eine bedauerliche traumatische Kindheitserfahrung, sondern um eine unausweichliche Lebenswahrheit. Das Bild der „Erbsünde" oder der Begriff der „Kontingenz" kann unseren Blick schärfen für die Tiefendimension des Märchens. Aber ohne Rückbindung an unsere heutige Lebenserfahrung, als gar historisch verstandene biblische Geschichte oder rein theologische Behauptung ist der Begriff „Erbsünde" sinnlos oder wird nur als kirchliche List verstanden, Menschen klein zu machen, zu demütigen, sie mit Schuldgefühlen zu belasten. Die mörderische Mutter und der schwarze Vogel aber sind unausweichlich ein Teil und zumindest ein Aspekt unserer Lebenswirklichkeit.

Was lerne ich aus diesem Märchen? Vor allem das eine: Ich will nicht aufhören zu singen. Ob ich als Theologe arbeite oder als Märchenerzähler oder ob ich den mir nahen Menschen sage und zeige, wie viel sie mir bedeuten, wie kostbar sie mir sind – immer singe ich das alte Lied der Hoffnung gegen die Vergeblichkeit des Lebens.

Ich wünsche mir den Lebensmut der Königstochter, die nach den Sternen greift, aber ebenso für die dunklen Stunden des Scheiterns und der Vergeblichkeit die Kraft, noch zu singen. Ich kann leider keine Wunder wirken, ich kann leider die Welt oft nicht ändern, nicht die große Welt, die unter Krieg und Unrecht leidet, nicht die nahe Lebenswelt, in der Beziehungen scheitern, Träume zerrinnen, Krankheit und Tod Menschen vor der Zeit um ihr Leben bringen. Aber ich kann singen, kann gegen alles Unglück erinnern an das Glück der Hoffnung auf Glück.

Eines meiner Lieblingsgedichte stammt von Erich Fried, es heißt „Bevor ich sterbe" und beschreibt genau, warum ich Märchen erzähle und versuche, an die alte Gotteshoffnung zu erinnern.

*Noch einmal sprechen*
*von der Wärme des Lebens*
*damit doch einige wissen:*
*Es ist nicht warm*
*aber es könnte warm sein*

*Bevor ich sterbe*
*noch einmal sprechen*
*von Liebe*
*damit doch einige sagen:*
*Das gab es*
*das muß es geben*

*Noch einmal sprechen*
*vom Glück der Hoffnung auf Glück*
*damit doch einige fragen:*
*Was war das*
*wann kommt es wieder?*

3. Kapitel

## Der siebente Vater im Haus
## oder:
## Die lange Suche nach dem letzten Ja

Wir Menschen leben zwischen Licht und Last. Wir greifen nach den Sternen oder träumen zumindest davon und ohne das Licht dieser Hoffnung ist das Leben kaum zu ertragen. Aber wir müssen auch leben, von Jahr zu Jahr, mit der herausfordernden Erfahrung der Vergänglichkeit. Und eine weitere Last wächst von Jahr zu Jahr: unsere Vergangenheit. Freilich ist die Vergangenheit nicht nur Last, sondern auch Schatz, und gute Erinnerungen etwa an die eigene Kindheit sind eine kostbare Mitgift, die uns niemand nehmen kann. Manchmal ist Erinnerung Schatz und Last zugleich, wenn das erinnerte (und nicht selten idealisierte) „Damals", als angeblich alles besser war, das „Heute" nur noch trüber erscheinen lässt. Aber wie immer die hinter uns liegende Lebenszeit auch gewesen sein mag, wie immer wir sie wahrgenommen haben – unausweichlich haben wir mit jedem Tag weniger Zukunft und immer mehr Vergangenheit in dieser Welt. Auch das ist nicht nur betrüblich, es kann durchaus auch ein zufriedener Blick auf die Lebensernte sein, der uns entspannt und entlastet nach vorn schauen lässt auf das, was das Leben darüber hinaus noch bringen mag. Aber mag die Zukunft auch offen sein, an unserer Vergangenheit können wir nichts mehr ändern, wir müssen sie und damit uns und unser Leben aushalten, besser: uns damit versöhnen. Denn die Vergangenheit ist nie „perfekt". Nicht per*fekt* im Sinn von „vollkommen", dann das ist kein Leben: Immer bleibt das Leben uns, bleiben wir dem Leben etwas schuldig, auch das bedeutet Erbsünde. Aber die Vergangenheit ist auch nie *Per*fekt, nie eine völlig abgeschlossene Zeit, zumindest nicht die Vergangenheit, an die wir uns erinnern. Denn alle Erinnerung ist ein gegenwärtiges Geschehen und sagt mehr über das Hier und Jetzt als über das Damals. Wir erinnern uns in vielen Bildern an unser Grundgefühl gegenüber dem Leben.

Das folgende norwegische Märchen gehört – wie etwa das vom dicken fetten Pfannkuchen – zu den Kettenmärchen, ein Grundmuster wird ständig wiederholt und variiert.

*Der siebente Vater im Haus*

*Da war einmal ein Wanderer, der war schon lange unterwegs. Da kam er zu einem schönen großen Gutshof, so herrschaftlich, es hätte auch ein kleines Schloss sein können. „Hier lässt sich wohl gut Rast machen", sagte er sich, als er durchs Tor in den umzäunten Hof trat. Eben da stand ein graubärtiger Alter und hackte Holz. „Guten Abend, Vater", sagte der Wanderer, „kann ich heut Nacht in Eurem Hause bleiben?"*

*„Ich bin nicht der Hausvater hier", sagte der Graubart, „geh in die Küche und sprich mit meinem Vater."*

*Da ging der Wanderer in die Küche und da traf er einen noch älteren Mann, der lag auf den Knien vor dem Kamin und blies das Feuer an. „Guten Abend, Vater", sagte der Wanderer, „kann ich heut Nacht in Eurem Hause bleiben?"*

*„Ich bin nicht der Hausvater hier", sagte der Alte, „aber geh nur hinein und sprich mit meinem Vater; der sitzt in der Stube am Tisch."*

*Da ging der Mann in die Stube und sprach mit dem, der am Tisch saß. Der war noch viel älter als die beiden andern, er saß da und war ganz zittrig und tattrig und seine Zähne klapperten und er las in einem großen Buch, fast so wie ein kleines Kind. „Guten Abend, Vater, kann ich heut Nacht in Eurem Hause bleiben?", fragte der Mann.*

*„Ich bin nicht der Hausvater hier", sagte der zittrige, tattrige Alte mit den klappernden Zähnen, „sprich mit meinem Vater, der sitzt da vorn auf der Bank."*

*Da ging der Wanderer zu dem Steinalten auf der Bank, der wollte* sich grad eine Pfeife stopfen; er war aber so verhutzelt und seine Hände zitterten so, dass er die Pfeife kaum halten konnte. „Guten Abend, Vater, kann ich heut Nacht in Eurem Hause bleiben?"

„Ich bin nicht der Hausvater hier", brummte der Hutzelgreis, „sprich doch mit meinem Vater, der liegt da drüben im Bett."

Also ging der Wanderer zu dem Bett; darin lag einer, der war älter als alt und ganz eingetrocknet, er war kaum größer als ein Kind und nichts an ihm schien lebendig als nur seine beiden großen starren Augen. „Guten Abend, Vater, kann ich heut Nacht in Eurem Hause bleiben?"

„Ich bin nicht der Hausvater hier", hauchte der Alte mit den großen Augen, „sprich mit meinem Vater, der liegt da hinten in der Wiege."

Ja, da ging der Mann also zu der Wiege, darin lag einer, der war uralt und so eingeschrumpft, er war nicht größer als ein Säugling. Und dass er noch am Leben war, konnte man nur an seinen Lippen sehen, die unablässig murmelten. „Guten Abend, Vater. Kann ich heut Nacht in Eurem Hause bleiben?"

Es dauerte lange, bis der Uralte Antwort gab, noch länger, bis er sie über die Lippen brachte: „Ich bin nicht der Hausvater hier. Sprich mit meinem Vater, der hängt in dem Horn an der Wand."

Da suchte der Wanderer die Wände ab, bis er zuletzt das Horn entdeckte. Und wie er hineinschaute, war nichts darin zu sehen als eine Hand voll Asche, die sah aus wie das Gesicht eines ururalten Menschen. Dem Wanderer wurde ganz schlecht vor Angst und er stammelte: „Guten Abend, Vater, kann ich heut Nacht in Eurem Hause bleiben?"

Da zirpte es oben im Horn, als wäre eine kleine Meise drin, es war kaum zu verstehen, aber es klang wie: „Ja, mein Kind!"

Und im gleichen Augenblick kam ein Tisch in die Stube gefahren, der war mit den besten Speisen gedeckt und mit Met, Bier und Branntwein. Und als er geschmaust und getrunken, kam ein Bett hereingerollt, ein gutes Bett mit Rentierfellen. Ja, und da war der Wanderer wirklich froh, dass er am Ende doch noch den rechten Hausvater gefunden hatte.

Es wird aber auch noch erzählt: Bevor der Wanderer sich schlafen legte, habe ihn der Ururalte in dem Horn gefragt, woher er denn *komme. „Von Selgjord", sagte der Mann. „Lass sehen", zirpte es da aus dem Horn, „ob die Männer von dort noch so stark sind wie in den alten Zeiten. Gib mir deine Hand."*

*Da gab der zittrige, tattrige Alte, der mit dem Buch am Tisch saß, der mit den klappernden Zähnen, dem Wanderer ein Zeichen, er solle dem Hausvater im Horn nicht die Hand geben, sondern eine von den Eisenstangen, die in der Ecke standen. Das tat er auch und der Ururalte presste die Eisenstange so fest, dass Wasser heraustropfte. „Du hast ja noch Mark in den Fingern", zirpte es, „aber wenn ich dran denke, wie stark deine Landsleute in den alten Zeiten waren, so ist's doch nur Schafsmilch."*

*Am andern Morgen zog der Wanderer weiter. Und als er sich nach ein paar Schritten noch einmal umdrehte und zurücksah, waren Haus und Hof verschwunden.*

Ein seltsames Märchen, es lässt einen zunächst etwas ratlos zurück. Was soll das bedeuten? Auch dieses Märchen erzählt – ohne gewagte und kaum nachvollziehbare Überinterpretation – von einer Erfahrung oder erinnert uns an eine Erfahrung, die die meisten Menschen kennen und nachvollziehen können.

Eine einfache Frage kann schon die erste Botschaft des Märchens erschließen. Was hätte ich anstelle des Wanderers wohl getan? Und die häufigste Antwort lautet: „Nach dem dritten, spätestens nach dem vierten Vater wäre ich gegangen!" Damit wird die erste märchentypische Botschaft klar: „Geh weiter! Gib nicht auf! Du kannst vor nichts wirklich Wichtigem weglaufen!"

Diese Erfahrung kennen viele aus Träumen, in denen man versucht, davonzulaufen vor irgendeiner Gefahr, und nicht von der Stelle kommt. Das dafür eindrücklichste mir aus einem Märchen bekannte Bild findet sich in der „Skelettfrau", einem Märchen der Inuit, der Eskimo. Ein Jäger hat ungewollt eine Skelettfrau geangelt; entsetzt läuft er davon, aber da er seine Angel nicht fallen lässt, nimmt er die Skelettfrau, vor der er flieht, geradewegs mit in seine Hütte (vgl. S. 86f.). „Lauf nicht weg", sagt mir das Märchen vom siebten Vater im Haus, geh weiter, geh bis zum Ende, sonst wirst du nirgends Ruhe finden.

Diese Botschaft, eher eine Erinnerung als eine neue Erkenntnis, wäre ja schon genug, aber mir scheint, das Märchen spiegelt noch eine tiefere, oft weniger bewusste Erfahrung. Denn was könnte hinter den sieben Vätern stehen? Sie werden immer älter und dabei auch immer kleiner und unscheinbarer – und doch immer stärker, wie die befremdliche Schlussszene zeigt. Der siebente Vater hat solch unglaubliche Kraft, dass er Eisen zerdrücken kann – und doch, so zumindest mein Empfinden, ist er nicht bösartig, er weiß nur nicht um die eigene erdrückende Stärke.

Welche Erfahrung mag sich darin bewahren? Keine mit Menschen wohl, denn wir werden mit dem Alter gewiss nicht immer stärker. Aber mir fällt die Erinnerung ein. Erinnerung verblasst keineswegs mit der Zeit, vielmehr wird uns das, was für uns wirklich wichtig war, eher immer deutlicher, auch wenn wir nicht wissen, warum. Mächtig sind vor allem die frühen prägenden Erfahrungen. Wir tragen Erinnerungen der Evolution in uns. So schwimmen wir als Embryonen mit Kiemen im Fruchtwasser und die Gänsehaut erinnert an unser längst verlorenes Fellkleid. Geistes- und kulturgeschichtlich gesehen, tragen wir das Mittelalter in uns. Noch immer brechen – etwa auf dem Balkan und in Osteuropa – Grenzen auf an den alten Grenzen der lateinisch-abendländischen Welt, und die größte Katastrophe unserer Geschichte, die große Pest von 1348–1351, mag, wie der Psychoanalytiker und Friedensforscher Horst E. Richter meinte, immer noch nachwirken im „Gotteskomplex“ der westlichen Menschen, die sich aus Verzweiflung und Unbehaustheit selbst zu Managern und Machern der Welt machen wollten und wollen.

Aber näher und in meinem Arbeits- und Erfahrungsfeld wichtiger ist die ganz persönliche Erinnerung. Auch wenn ich keineswegs alle tiefenpsychologischen Theorien plausibel und glaubhaft finde – dass uns die Erfahrungen der ersten Jahre und Monate, an die wir uns nicht bewusst erinnern können, tiefer prägen als spätere Zeiten, ja, dass schon das Erleben im Mutterleib tiefe Spuren hinterlassen kann, ist mir ganz einsichtig. Nicht nur Demenzkranke erinnern sich oft an Kindheitserfahrungen, während spätere Zeiten vergessen sind, sondern auch auf dem Sterbebett kehren viele Menschen zurück zu frühkindlichen Erinnerungen.

Aber es ist auch für Menschen „mitten im Leben" eine ebenso spannende wie aufschlussreiche Frage, was wir denn für unsere älteste Erinnerung halten. „Deckerinnerung" wird diese Erinnerung in der Psychologie auch genannt. Es geht dabei nicht so sehr um das, was mir „historisch" geschehen ist, sondern um das, an was ich mich erinnere. Natürlich hat das immer mit der tatsächlichen Lebensgeschichte zu tun, aber die frühen Erinnerungen sind oft ebenso verschlüsselt wie die Träume. Denn wir träumen und erinnern uns nicht einfach an das, was passiert ist, sondern an das, was zu uns passt. Dazu einige Beispiele aus meiner Arbeit:

Eine Abiturientin erzählt: „Es ist Weihnachten, ich muss etwa drei Jahre alt sein. Auf dem Tisch liegen Wunderkerzen. Die Eltern sagen noch: Geh nicht an die Wunderkerze. Aber ich stecke doch eine an und als die Funken sprühen, erschrecke ich mich und lasse sie fallen – und die Wunderkerze brennt ein Loch in den Teppich!"

Manchmal sind „Deckererinnerungen" Bilder vom Paradies, öfter – wie hier – vom Sündenfall. Die Abiturientin war recht ängstlich und obwohl sie ohne Mühe einen guten Schulabschluss schaffte, meinte sie: „Studieren will ich nicht, mein Vater hat mir eine Lehrstelle besorgt. Was ich anpacke, geht doch schief!"

Es wäre sicher Unsinn zu meinen, die junge Frau wäre so ängstlich, weil ihr einmal eine Wunderkerze hingefallen ist. Genau umgekehrt muss man die Erinnerung verstehen: Weil sie ein ängstlicher Mensch ist, erinnert sie sich an einen solchen Vorfall. Ich selbst glaube allerdings nicht, dass das Erinnerte wirklich vorgefallen ist. Es ist gar nicht leicht für ein dreijähriges Kind, eine Wunderkerze so ruhig in die Kerzenflamme zu halten, dass sie sich entzündet. Vielleicht hat ihr Bruder das getan und sie hat es auf sich übertragen, vielleicht hat sie sich nur ausgemalt, was passieren könnte, wenn sie das Verbot der Eltern übertritt. Das ist nicht mehr zu klären und eigentlich auch ohne Bedeutung. Entscheidend ist, dass sie sich daran erinnert, was zu ihr und ihrer Lebenseinstellung passt.

Ein zweites Beispiel: In einer Lehrerfortbildung erzählt ein Teilnehmer in sehr aggressivem Ton: „Ich war noch kein Jahr alt, es war Winter und es lag Schnee. Meine Eltern haben mich auf dem Schlitten gezogen – und nicht bemerkt, als ich heruntergefallen bin. Und ich habe stundenlang im Schnee gelegen, bis jemand mich gesucht und gefunden hat!"

Hier wird noch deutlicher, dass es nicht um „Historie" geht. Niemand kann sich bewusst an Ereignisse aus dem ersten Lebensjahr erinnern und es ist mehr als zweifelhaft, ob ein Kleinkind mehrere Stunden im Schnee überlebt. Aber ich konnte mir die Geschichte des jungen Mannes so gut merken, weil er auf allen Ebenen das Signal aussandte: Mit mir fährt niemand mehr Schlitten! Sein ganzes Verhalten sagte immer wieder: Niemand liebt mich!

Tief erschüttert hat mich die Deckerinnerung einer alten Dame, die sie mir nach einem Gruppengespräch über das Märchen vom siebten Vater unter vier Augen erzählt hat. Sie war 1925 geboren als uneheliches Kind und natürlich wurde die Mutter damals geächtet und unter Druck gesetzt. „Und meine älteste und stärkste Erinnerung ist", sagte die Dame leise, „dass meine Mutter mich immer am Kinn gefasst und gesagt hat: ‚Dieses Mädchen hat dir dein Leben versaut!'" Vielleicht hat die Mutter es nur einmal gesagt, vielleicht nicht einmal das und die Tochter hat die Verzweiflung nur gespürt, aber in der Erinnerung und im Lebensgefühl hat dieses Urteil über ihr Leben alles andere überdeckt.

Es gibt freilich auch tragende Deckerinnerungen. Eine besonders schöne hat mir ein alter Gefängnispfarrer erzählt, der mich sehr beeindruckt hat durch seine tiefe Sympathie für die ihm anvertrauten Strafgefangenen. Was er mir erzählte, war zwar nicht seine älteste Kindheitserinnerung, aber doch die, die er am tiefsten behalten hatte. Als er drei Jahre alt war, starb seine Mutter. Der Vater, ein Waldarbeiter, war so überfordert, dass er alle fünf Kinder ins Waisenhaus gab, aber sie kamen nicht zusammen ins gleiche Heim, sondern wurden auseinandergerissen. „Das Heim", erzählte mir der alte Pfarrer, „wurde von Ordensschwestern geführt und ich will ihnen gar keinen Vorwurf machen, sie taten sicher, was ihnen richtig schien und möglich war, aber es war eine schrecklich lieblose Atmosphäre." Als er zur Erstkommunion kam, die in katholischen Kreisen sehr aufwendig gefeiert wird, gab es für ihn, anders als für seine Schulkameraden, kein Fest. Aber völlig unerwartet brachte die Familie eines anderen Kommunionkindes aus dem Dorf ihm am Nachmittag eine prächtige Torte ins Waisenhaus. „Und von dieser Torte", sagte er, „lebe ich heute noch!"

In vielen individuellen Deckerinnerungen finden sich märchenhafte Bilder, und Märchen sind so etwas wie gemeinschaftliche Deckerinnerungen. Denn eine Geschichte wird nur dann zum Märchen, wenn sie so vielen Menschen aus der Seele spricht, dass diese die Geschichte und ihre Botschaft, ihre „Mär" – so das mittelhochdeutsche Wort –, nicht vergessen wollen. Nur wenn viele Menschen in einer Geschichte etwas entdeckten von der eigenen Lebenserfahrung, aber auch vom ersehnten Mehrwert gegenüber der alltäglichen Realität, wurde die Geschichte – immer wieder erzählt und gehört – zum Märchen.

Auf ähnliche Weise wie die individuellen Deckerinnerungen sind auch die Märchen „wahr". Umgangssprachlich wird das Wort „Märchen" ja fast deckungsgleich mit „Lügengeschichte" gebraucht, aber als ich das Märchenerzählen lernte, hat sich mir ein ganz anderer Sinn eingeprägt: „Verbürge dich für die Wahrheit der Märchen, die du erzählst!"

So erzähle ich nur Märchen, für deren Wahrheit ich einstehe. Ich behaupte nicht, sie seien „passiert"! Passieren kommt vom französischen „passer", vorübergehen. Was nur passiert ist, das ist gleich wieder „passé", ist nur von vorübergehender Bedeutung. Das deutsche Wort Wahrheit kommt von „bewahren" und das Wort *alätheia* im griechisch geschriebenen Urtext des Neuen Testamentes, das man mit Wahrheit übersetzt, bedeutet wörtlich „das nicht zu Vergessende; das, was man nicht vergessen darf".

So sind die Märchen nicht wahr, weil sie passiert sind, sondern weil sie uralte Lebenserfahrung bewahren, die Menschen nicht vergessen wollten und konnten.

Aber zurück zum siebenten Vater und zu seiner Antwort: „Ja, mein Kind!" Ich bin sicher, jeder Mensch – mag er auch wie ich in antiautoritär geprägten Zeiten herangewachsen sein – sehnt sich nach diesem „Ja, mein Kind", das eine letzte Autorität zu seinem Leben sagt. Wenn wir Glück haben, haben wir schon in den ersten Lebensjahren so viel „Ja, mein Kind" verinnerlicht, dass es uns durchs Leben trägt. Aber niemand kann etwas für seine Kindheit; und viel mehr Menschen, als ich – mit einer glücklichen und geborgenen Kindheit beschenkt – mir früher habe vorstellen können, bringen aus ihrer Kindheit kein uneingeschränktes Ja mit. Sie hören in sich ein „Ja, aber ..." oder ein „Ja, wenn ..." oder gar ein „Nein, weil ..." – „Dieses Mädchen hat dir dein Leben versaut!" Aber auch, ja oft gerade Menschen, die viel Nein in sich hören, sehnen sich nach dem Ja. Dies ist der wohl entscheidende Kern der biblischen Lebenssicht, dass mein und alles Leben einen guten Grund hat, dass wir erwünscht und gewollt sind.

Der siebente Vater im Haus ist nicht Gott, das wäre eine theologische Überfrachtung, aber mir zeigt das Märchen die tiefe Sehnsucht nach dem letzten „Ja". Und ich glaube, wo ein Schlüssel ist, wird auch ein Schloss dazu sein. Ich kann weder etwas für meine glückliche Kindheit noch kann ich die schlimme Vergangenheit anderer ändern. Aber ich kann gegen alle Verzweiflung erzählen von der Sehnsucht nach dem Großen Ja und von der Hoffnung, dass diese Sehnsucht nicht absurd ins Leere läuft. „Im Anfang war das Wort", so beginnt das Johannesevangelium. Es erkennt dieses Wort, das die Welt ins Leben ruft und das Leben selbst ist, im Gesicht Jesu, sagt uns aber nicht, wie es wohl lautet. Nach meinem Glauben heißt dieses Wort: „Ja, mein Kind! Sei willkommen!"

Wenn ich eine Geschichte erzähle von der Sehnsucht und von der Hoffnung, dass die Sehnsucht wahr ist und uns zum Ziel führt, dann ändere ich nichts an der schlimmen Vergangenheit und nur ganz selten liegt es in meiner Macht, eine schlimme Gegenwart zu ändern. Aber ich habe oft erlebt, wie wichtig die Hoffnung ist, dass im Grunde des Lebens, hinter allem menschlichen Nein, ein letztes Ja liegt. Zumindest für den kurzen Augenblick der Begegnung kann ich – manchmal – von diesem Ja nicht nur sprechen, sondern es lebendig werden lassen in meinem kleinen Ja. Manchmal kann wohl auch ein Märchen, das ich anderen bringe, so etwas sein wie eine Torte, von der man lange zehrt.

Wie versöhne ich mich mit meinem Leben, meiner Geschichte, meiner Vergangenheit, die ich nicht ändern kann, die ich aushalten muss? Diese Frage lässt sich kaum je abschließend beantworten, aber das Märchen vom siebenten Vater macht mir Mut, weiterzugehen und zu suchen nach dem Ja. Viele Jahre nach unserem ersten Gespräch über ihre Kindheitserinnerung an das Nein der Mutter sagte die alte Dame zu mir: „Meine Mutter hat zwar gesagt, dass ich ihr das Leben versaut habe, sie hat Nein gesagt, aber sie hat mich weder abgetrieben noch weggegeben, sie hat trotz ihrer Überforderung eine Menge Ja gelebt, was immer sie auch zu mir gesagt hat."

Ich kann meine Vergangenheit nicht ändern, aber vielleicht meine Haltung zu dieser Vergangenheit. Ich kann das Nein, das mir in meinem Leben begegnet ist, besser verzeihen und hinter mir lassen, wenn ich an ein Ja glauben kann, das mir vor und trotz allem Nein gilt.

Dieses „Ja vor und hinter allem Nein“ ist auch die Botschaft des christlichen Schöpfungsglaubens und seiner Ur-Kunde in den biblischen Erzählungen von dem, was im Anfang, im Grunde war und ist (die lateinische Übersetzung lautet „in principio“, also: „im Prinzip“). Auch Schöpfungsmythen sind, wie die Märchen, gemeinschaftliche Deckerinnerungen und wie die individuellen Deckerinnerungen setzen auch die mythischen ein Vor-Zeichen vor das Leben. Sie beschreiben nicht, wie wir auf die Welt gekommen sind, sondern sie suchen Antworten auf die erste Frage, die im Katechismus meiner Kindertage stand: „Wozu sind wir auf Erden?“

Die Anfangsmythen der Völker haben fast immer einen pessimistischen Unterton: Die gute Ordnung, die „im Anfang“ galt und „im Prinzip“ noch immer gelten muss, ist doch gestört, ja zerstört; so taumelt die Welt ihrer Zerstörung entgegen. Die biblischen Urgeschichten in den ersten elf Kapiteln des 1. Buches Mose hingegen bewahren, trotz einer durchaus kritischen und skeptischen Sicht auf die Fähigkeiten des Menschen zum Ja, den Glauben an ein letztes unbedingtes Ja Gottes. Wohl greift die Bibel – etwa in der Sintflutgeschichte – die Urangst der Menschen auf, dass die Welt grundlos, ohne Grund sei und damit dem Untergang geweiht. Aber am Ende steht nicht das große Nein Gottes zur untergehenden Welt, sondern sein geduldig durchgehaltenes Ja. Das Bild des Regenbogens beschwört das Urvertrauen, dass die immer unvollkommene Welt nicht im Nichts versinkt (vgl. 1. Mose 8,21). Und Gott sagt sein Ja am Ende der Sintflutgeschichte nicht, weil die Menschen sich gebessert hätten, sondern er garantiert den Bestand der Welt (vgl. 1. Mose 9,22ff.), weil des Menschen Herz böse ist von Jugend an. Müssten wir den Maßstäben Gottes genügen, müssten wir ideal sein und perfekt, um sein zu dürfen – wir wären verloren. So bleibt nach der Bibel Gott nur die Wahl zwischen radikaler Vernichtung oder radikaler Vergebung, bleibt uns nur, uns anzunehmen als bloße Menschen oder in Selbstüberschätzung, Selbstüberforderung und Selbsthass unterzugehen. Wer Menschen will als (begrenzt) freie Wesen, der muss das Böse akzeptieren, so wie Eltern, wenn sie Kinder wollen, diese annehmen müssen mit ihrem Licht- und Schattensein. „Ja, mein Kind", das kann ich zwar nicht immer zu allem sagen, was meine Kinder tun, aber das will und werde ich immer zu ihnen sagen, wie sie sind, mit wunderbaren Begabungen und mit Grenzen, die nicht enger sind als meine, und mit Schatten, die nicht dunkler und größer sind als meine.

Damit komme ich zu einem letzten Gedanken im Anschluss an dieses Märchen. Es ist nicht einfach, den Hausvater zu finden. In vielen Märchen findet sich dieses menschliche Grundproblem: Wir erleben uns mit den Handlungsträgern „verwaist", aus dem Elternhaus verstoßen oder ohne Eltern, die unsere Sehnsucht nach Geborgenheit, nach einem letzten „Ja, mein Kind" erfüllen. Die Eltern sind im Märchen überwiegend Enttäuschung, die Mutter ist, wie wir beim Märchen vom Pfefferbaum schon gesehen haben, oft böse, der Vater weit entfernt oder übermächtig in seiner Autorität wie im Märchen vom Froschkönig. Aber diese Enttäuschung muss mich als Mutter oder Vater nicht beunruhigen, ja, diese Einsicht der Märchen erlebe ich sogar als Ent-Täuschung und damit als Entlastung.

Als Zuhörer der meisten Märchen identifiziere ich mich mit der Figur, die durch das Märchen geht, mit der Königstochter im Turm, mit dem Mädchen unter dem Pfefferbaum, mit dem Wanderer auf der Suche nach dem letzten Vater. In den Figuren, die mir und dem Märchenhelden begegnen, verdichten sich grundlegende Lebenserfahrungen. Vater und Mutter sind Ur-Erfahrungen und zugleich Ur-Bedürfnisse fast jedes Menschen.

Wie erfährt der Säugling die Wirklichkeit „Mutter"? Da ist jemand, der all meine Bedürfnisse stillt! Später wird – nicht so zwingend und eindeutig wie die Mutter – der Vater erlebt als Autorität: Da ist jemand, der alles in Ordnung bringt. Diese Sehnsucht bleibt ein Leben lang in uns – aber kein Mensch und keine Institution kann all unsere Bedürfnisse stillen, kann alles für uns in Ordnung bringen, kann das Versprechen einlösen, das wir unseren Eltern unbewusst abnehmen oder als Eltern unseren Kindern ebenso unbewusst geben. Erwachsen werden heißt, von niemandem zu erwarten, dass er mir alles geben und alles für mich entscheiden kann.

Darum müssen wir, so sagt die Paradiesgeschichte, Vater und Mutter verlassen und eine erwachsene Liebes- und Lebensbeziehung wagen. Das ist auch der typische Weg der Heldinnen und Helden der Märchen wie unserer Königstochter: Sie kehren nicht zurück in die Kindheit, sie bleiben nicht im Haus des Vaters, sie erwachsen zur Hochzeit. Jesus geht im Neuen Testament, zumindest was die Väter angeht, noch weiter: Alle menschlichen Väter und Vaterfiguren werden radikal infrage gestellt. „Nennt niemanden auf Erden Vater", sagt Jesus (Matthäus 23,9). Wir werden die Sehnsucht nach dem Großen Vater, der Großen Mutter nicht los. Darum sind wir anfällig dafür, die Erfüllung dieses Sehnens in Ehen, Sekten oder Systemen zu suchen. Christlich gesprochen ist nur einer Vater im wahren Sinn und wir können mit unserer Sehnsucht besser leben, scheint mir, wenn wir sie nicht zu niedrig hängen, sondern immer über unseren Horizont in den Himmel reichen lassen. Der Einzige, meint mit Jesus die Bibel, auf den wir die uns ein-gebildete Sehnsucht nach dem Über-Vater richten dürfen, ist der im Himmel, jenseits unserer Möglichkeiten. Die Sehnsucht nach einer orientierenden Autorität können wir weder auflösen noch einlösen; jede Vaterfigur, jede Autorität dieser Welt ist nur Vicarius, Stellvertreter, Vorläufer der (psychologisch gesprochen) archetypischen väterlichen Autorität oder (biblisch gesagt) des einen Vaters im Himmel. Und dessen Stimme in dieser Welt ist nicht einfach die der „Väter" und Vaterfiguren, sondern die des eigenen wachen Gewissens.

Nennt niemanden auf Erden Vater. Es ist schon erstaunlich, wie viele Väter es in der Kirche, die Jesus nachzufolgen sucht, dann doch gegeben hat. Ich will darüber auch nicht den Stab brechen, die Sehnsucht nach Vätern und Übervätern war und ist übergroß. Auch ich muss Vaterrollen übernehmen, unmittelbar gegenüber meinen Kindern, eingeschränkter, aber wohl nicht ganz vermeidbar als Vorgesetzter. Die Skepsis der Märchen gegenüber den enttäuschenden Vätern und Müttern wie Jesu Mahnung, niemanden Vater zu nennen, warnt mich nicht nur, sie entlastet mich auch. Gewiss muss es in Familie wie Beruf unterschiedliche und abgestufte Kompetenzen und Befugnisse geben, aber jede mir anvertraute Autorität und Verantwortung ist begrenzt. Ziehvater bin ich nur, wie Josef in der Weihnachtsgeschichte Vater-Ersatz, der manchmal an-deutet, dass die Welt in Ordnung sei, der diese Ordnung aber weder verkörpern noch garantieren kann oder muss.

Ich möchte den jungen Wanderern, die meinen Lebensweg kreuzen, und das sind natürlich zuerst meine Kinder, mit dieser Haltung begegnen: „Ich bin nicht der Hausvater hier! Die Welt gehört mir nicht. Ich weiß nicht alles und ich will mich bemühen, nicht alles besser zu wissen. Ich will dir mein Ja sagen, aber das reicht nicht. Ich muss dich weiterschicken, dir Mut machen weiterzugehen. Aber gehen und hören musst du selbst. Also geh weiter und frag meinen, unseren Vater und vertrau darauf, dass die letzte Antwort heißt: Ja, mein Kind! Auf dieses Ja bin ich so angewiesen wie du, mein Kind!"

Noch einmal zurück zum Märchen und seinem Ende. Wenn ich das Ja gehört habe, wenn ich erfahren habe, wo ich zu Hause sein kann, dann muss ich erwachen und weitergehen. Sich seinen Erinnerungen zu stellen heißt ja nicht, ständig in der Vergangenheit zu leben. Wenn ich das Ja gehört habe und weiß, wo ich zu Hause sein kann, dann kann ich wie der Wanderer am nächsten Morgen die Vergangenheit Vergangenheit sein lassen, kann sie, frommer gesagt, Gott überlassen und weiter ins Leben sehen und gehen.

Mir ist klar, dass das leichter gesagt als getan ist, und die Frage, wie wir leben mit dem, was uns die Welt schuldig geblieben ist, wird uns immer wieder einholen, aber auch die Frage, wie wir leben mit dem, was wir der Welt schuldig geblieben sind. Davon handelt das 5. Kapitel dieses Buches. Zunächst aber richten wir, im Vertrauen auf das „Ja, mein Kind“, mit dem nächsten Märchen den Blick auf den Weg, der vor uns liegt und uns zugemutet ist.

*4. Kapitel*

## Das Perlenlied
*oder:*
## Das Leben ist kein Heimspiel – *doch vielleicht* ein Heimweg?

Wenn ich bei Dunkelheit mit dem Auto in fremden Städten unterwegs bin, dann bin ich dankbar für das Navigationssystem, das mich durch das Straßengewirr lotst. Leider gibt es für den Lebensweg kein vergleichbares Navigationssystem, weder Vernunft noch Gewissen führen mich sicher durch diese Welt und auch der Glauben gibt keine einfachen, eindeutigen Antworten an den Abzweigungen und Kreuzungen meines Lebens. Die Frage, welchen Weg ich nehmen muss, wird mich wohl bis an mein Ende begleiten und selbst wenn die Himmelsrichtung, in die ich mich bewegen will, klar ist, so kann ich doch nur selten auf direktem Weg der Luftlinie folgen, sondern muss meist mühsam einen gangbaren Weg suchen, oft genug auch Umwege gehen. Der Weg, der vor mir liegt, ist immer Neuland; noch nie ist ein Mensch genau diesen meinen Lebensweg gegangen. „Eigene Wege sind schwer zu beschreiten", sang Heinz-Rudolf Kunze, „sie entstehn ja auch erst beim Gehn."

In der deutschen Sprache bedeutete das Wort „Sinn" ursprünglich „Weg". Die Frage nach dem „Lebensweg" und die nach dem „Lebenssinn" hängen unauflöslich zusammen, die Fragen nach dem Wohin und nach dem Wozu meines Lebens.

Im Katechismus meiner Kindertage lautete die erste Frage: „Wozu sind wir auf Erden?" Was willst du mit deinem Leben und wohin? Weil wir nicht fraglos zu Hause sind in der Welt und in uns, darum wird uns das Leben als Abenteuer zugemutet, als immer neuer Aufbruch und Exodus. Wir müssen Vater und Mutter verlassen und auf eigenen Füßen stehen und gehen. Auch viele Märchen erzählen von dieser Notwendigkeit und sie erzählen von der Hoffnung, dass der Weg zwar nicht das Ziel ist, aber ein Ziel hat.

Wenn ich als gläubiger Mensch nach dem Lebensweg und seinem Sinn frage, dann stellt sich noch eine andere, freilich erst einmal rein spekulative Frage. Wenn Gott uns Heimat sein will, warum schickt er uns dann in die Fremde, in die Entfremdungen des Lebens? Wenn er uns zum Himmel will, warum gibt er uns den Umweg über die Erde auf? Welchen Sinn hat dieses Dasein? Soll das Erdenleben eine Prüfung sein? Ein Probelauf? Eine göttliche Erziehungsmaßnahme?

Wozu sind wir auf Erden? Welchen Weg müssen wir gehen? Welchen Sinn hat unser Gehen? Eine zwar nicht konkrete und detaillierte, aber grundsätzliche Antwort auf die Frage gibt ein uraltes Märchen aus der frühen Christenheit, das Perlenlied. Niedergeschrieben wurde es wohl um 200 nach Christus in Syrien oder vielleicht auch Persien, erhalten geblieben ist es innerhalb der sogenannten Thomas-Akten aus dem 3. oder 4. Jahrhundert. Es war über Jahrhunderte verschollen wie viele Überlieferungen der sogenannten Gnosis. Die Gnosis – das Wort bedeutet Erkenntnis, Einsicht – war eine Strömung spätantiken Denkens und auch eine Richtung im frühen Christentum, die den Glauben weniger an der Autorität der kirchlichen Leitungsämter festmachen wollte als vielmehr an der inneren Erfahrung und Bewusstwerdung der Glaubenden. Manche Vorstellungen der Gnosis tauchen ähnlich in der mittelalterlichen Mystik auf oder – dann freilich ohne christliches Gewand – in der modernen Esoterik.

Im Perlenlied sehen manche Wissenschaftler den „Ur-Mythos", also *die* Schlüsselgeschichte der Gnosis. Es ist aber keine erdachte theologische Lehrgeschichte, sondern eine märchenhaft bildhafte Erzählung, wenn auch wohl kein Volksmärchen. Aber das Perlenlied deutet den Lebensweg in Bildern, die wir auch aus vielen Volksmärchen kennen. Anders als in den Märchen nimmt uns aber ein Ich-Erzähler mit auf den Weg.

*Ich war noch ein kleines Kind und wohnte im Haus meines Vaters, im Haus des großen Königs. Umgeben war ich von Reichtum und Macht, geborgen und glücklich bei denen, die mich erzogen.*

*Aber eines Tages schickten meine Eltern mich fort aus der Heimat, dem Morgenland, wo die Sonne aufgeht. „Du musst eine weite Reise machen", sagten sie, „weit weg wirst du gehen bis in das Land der Abenddämmerung."*

*Was ich für die Reise brauchte, lag schon bereit, ein Bündel, gefüllt mit Kostbarkeiten aus dem Schatzhaus, wertvoll, aber leicht zu tragen: Gold war darin und Silber und seltene Edelsteine. Und an meinem Gürtel fand ich einen Dolch aus Diamant, der schnitt durch Stein und Eisen. Doch ausziehen musste ich auf der Fahrt mein lichtes Strahlenkleid, gewebt aus der Liebe meiner Eltern, und den scharlachroten Königsmantel, der ganz genau auf meine Größe zugeschnitten war. Und meine Eltern schlossen einen Vertrag mit mir, sie schrieben ihn mir ins Herz, nie sollte ich ihn vergessen:*

*„Steige hinab in das Dämmerland Ägypten, dort finde die Perle, der nichts zu vergleichen ist. Die ist mitten im Meer, bewacht von einem schnaubenden Drachen. Kommst du zurück mit der Perle, der nichts zu vergleichen ist, so wirst du dein Strahlenkleid wieder anziehen, den kostbaren Königsmantel überwerfen. Zusammen mit deinem Bruder, dem Zweiten nach uns, wirst du der Erbe unseres Reiches sein!"*

Da wächst ein Königskind auf in einer Umgebung, in der es ihm an nichts fehlt, in einem paradiesischen Morgenland, das wir vielleicht in der Kindheit manchmal bewohnt haben, und muss dann doch diese Heimat verlassen. Aber weder zieht der Königssohn freiwillig hinaus auf der Suche nach Abenteuern noch wird er – etwa durch eine falsche Stiefmutter – aus dem Haus getrieben. Nein, die guten Eltern schicken ihn mit einem Auftrag hinaus – auch das ein nicht seltenes Motiv in den Volksmärchen. Aber unser Königssohn soll nicht das Wasser des Lebens suchen für den Vater oder ihm den goldenen Vogel fangen, sein Lebensauftrag besteht darin, die Perle heimzuholen, der nichts zu vergleichen ist.

Er wird ausgestattet auf seiner Wanderung mit leichten, aber wertvollen Kostbarkeiten und einer unwiderstehlichen Waffe. Aber seine Lichtgestalt muss er aufgeben für den Weg ins Dämmerland.

Was nun die Perle, die er gewinnen soll, bedeutet, wird – natürlich – im Märchen nicht erklärt und entschlüsselt; gerade das setzt ja die Fantasie der Zuhörenden frei. Die Perle mag uns an das Gleichnis von der kostbaren Perle erinnern, das im Matthäusevangelium (13,45f.) überliefert ist, aber die Geschichte ist doch deutlich dramatischer als das nur angedeutete Kurzgleichnis. Es geht um eine Kostbarkeit, die nur „ich", der Königssohn, mit dem ja alle Zuhörenden im Geiste gehen, gewinnen kann. Und es ist zumindest keine abwegige Vermutung, in dem, was nur ich gewinnen kann, das „Ich" des Menschen, seine „Seele", zu erahnen.

Aber wenn die Perle das „Seelen-Ich" des Königssohns bedeuten sollte, wieso muss er sich dann auf die Suche machen und sie aus dem Dämmerland bergen? Ist das „Ich" nicht gerade das, was ich bin und habe und höchstens noch gegen äußere Widerstände durchsetzen und verwirklichen muss? Ersetzen wir das etwas schillernde Wort Selbstverwirklichung durch das Wort Selbstwerdung oder Ich-Werdung, dann wird klar, dass das „Ich" nicht ein auf sich zentriertes „Ego" ist, sondern dass es vielmehr um einen Prozess geht, eine Entwicklung, einen Weg, eine Suche. In den religiösen wie märchenhaften Seelengeschichten geht es um Suchwanderungen, um eine „Schatzsuche". Oft wird die „Seele" dabei als weibliche Gestalt beschrieben, die ihren Liebsten, ihren Bräutigam, ihren „Schatz" ersehnt oder sucht. In unserem Märchen ist es die unvergleichliche Perle, die der Königssohn finden muss.

Auch psychologisch betrachtet scheint mir diese Sicht aus Märchen und Mystik ganz zutreffend. Denn das menschliche Ich-Bewusstsein entwickelt sich erst in der

Erfahrung eines anderen, eines „Du“. Erst wenn mir aufgeht, dass meine Empfindungen anders sein können als die der Welt ringsum, werde ich fähig zum Mitgefühl, das über meine Befindlichkeiten hinausgeht, und damit zur Liebe im weitesten Sinne. Nur ein „Ich“ ist – anders als ein „man“ und „es“ – begabt zur Liebe, begabt und fähig, die eigenen Ich-Grenzen wahrzunehmen und damit zu überschreiten.

Der Mensch ist ein Schatzsucher, ein Weg- und Sinn-Sucher, ein Ich-Sucher. Das Perlenlied weitet das Bild der Suchbewegung über uns Menschen hinaus und bezieht Gott mit hinein in die Suchbewegung. Wenn man, wie es bei diesem Gleichnis-Märchen ursprünglich gedacht war, eine religiöse Deutung einschließt, dann stellt sich die Frage, was denn dem königlichen Vater, also Gott, so sehr fehlt, dass er ohne diesen Schatz keinen Frieden hat und den er sich doch selbst nicht verschaffen kann. Es wird deutlich, dass dieser Vater weder ein allmächtiger Herrgott ist noch der selbstgenügsam in sich ruhende unbewegte Beweger der Philosophen. Er schickt seine Kinder ins Dämmerland dieser Welt, weil nur sie ihm etwas geben können.

Und wieder scheint mir Liebe, konkreter: eine „liebende Seele“, ein liebendes Du die nahe liegende Deutung, denn Liebe kann sich niemand selbst verschaffen, auch nicht mit aller Macht.

Unser Leben ist, das meinen neben dem Perlenlied viele Volksmärchen und andere Deute-Geschichten bis hin zum „Herrn der Ringe“, eine Suchwanderung, eine „Queste“, wie die mittelalterlichen Rittergeschichten die Gralssuche und andere Abenteuer nannten. Und dieser Weg in die Dämmerung ist Gottes Wunsch und unsere Aufgabe. Doch wenn wir zurückkommen, erzählt das Perlenlied, wartet auf uns das Erbe des Reiches, das wir gemeinsam mit dem Erstgeborenen antreten, dem älteren Bruder und Kronprinzen, mit dem das Perlenlied sicher Christus meint, der uns vorausgegangen ist.

Das Märchen beschreibt die Voraussetzungen der Lebensreise. Aber „gelöst“ ist damit die Rätselfrage nach dem göttlichen Willen und dem menschlichen Weg sicher noch nicht.

*So verließ ich meine Heimat, das Morgenland, begleitet von zwei Boten des Reiches, denn der Weg war schwierig und voller Gefahren und ich war zu jung, um allein zu gehen. Über die Grenze ging ich bei Mesene, wo sich die Händler des ganzen Morgenlandes treffen, kam nach Babylon, kam durch das dunkle Gewirr seiner Mauern und stieg dann weiter hinab in das Dämmerland Ägypten; dort verließen mich meine Begleiter.*

*Ich aber ging geradewegs zu dem Drachen nah bei dem Abgrund, wo er hauste, suchte ich eine Unterkunft. Und nun wartete ich, dass er die Augen schließen und einschlafen würde, dann wollte ich ihm die Perle entwinden. Aber die Zeit verging, verging und verging und die Augen des Drachen schlossen sich nicht, er blieb hellwach bei Tag und bei Nacht.*

*Und ich war einsam und allein, keiner stand mir zur Seite, den anderen Gästen in der Herberge war ich fremd. Nur einmal traf ich einen aus meiner Heimat, dem Morgenland, einen jungen Edelmann, schön und liebenswert, dieser Fürstensohn wurde mein Freund, mein vertrauter Gefährte, und ich erzählte ihm von meinem Auftrag. Da warnte er mich vor den Dämmerland-Leuten. „Lass dich nicht ein mit ihnen“, sagte er, „sie werden dich verderben!“*

Der märchenhafte Weg des Königssohns führt über die Grenze des Morgenlandes, durch das verwirrende Babylon bis ins Dämmerland Ägypten. Die Boten des Reiches, die ihn bis ins Dämmerland begleiten, werden nicht näher beschrieben. Sollen es Engel sein? Schließlich heißt das griechische Wort *angelos*, von dem unser Wort Engel abgeleitet ist, im Wortsinn Bote. Aber mir scheint eine andere Deutung näher liegend und erhellender, wenn auch keineswegs zwingend: Ich denke an die Eltern, die das Menschenkind auf seinem Weg ins Leben begleiten, ihm vielleicht eine Ahnung jener Geborgenheit vermitteln, die wir Menschen ersehnen und doch in dieser Welt nicht finden werden. Und im Dämmerland, da, wo das eigene Leben erst wirklich zur Herausforderung wird, da müssen diese Boten uns verlassen.

Aber dem Königssohn ist zunächst nicht bange. Seine Zuversicht, die man allen jungen Menschen nur von Herzen wünschen kann, erinnert mich ein wenig an den Lebensmut der Königstochter im Turm. Aber während diese sich glücklich über die Brüstung schwingt und im Abgrund den Drachen blenden und in Schlaf versenken kann, bleibt der Dämmerland-Drache hellwach und der Königssohn spürt seine Einsamkeit, die anderen in der Herberge nahe dem Drachenschlund sind ihm fremd, ja, feindlich gesonnen. Die einzige vertraute Seele in der Fremde bietet auch nicht mehr Hilfe als die Warnung vor den Dämmerland-Leuten.

Ich finde in diesem Bild menschliche Grunderfahrungen. Die Welt, die wir als junge Leute verändern, deren Zukunft wir gewinnen wollten, bekommen wir doch nicht in den Griff; alle anderen scheinen uns nicht zu verstehen und treffen wir einen Seelenverwandten, so macht uns das die Welt ringsum oft nur noch fremder. Zugleich wächst der „vernünftige" Wunsch dazuzugehören. Er wird allmählich größer als die „jugendliche" Entschiedenheit, der eigenen Bestimmung zu folgen.

*Ich aber wollte nicht auffallen, also verkleidete ich mich, kleidete ich mich wie die Dämmerland-Leute, sonst werden sie misstrauisch, dachte ich, sonst fragen sie sich, was will dieser Fremde hier, und am Ende ahnen sie, dass ich die geheimnisvolle Perle suche – und dann hetzen sie den Drachen auf mich!*

*Ja, das war meine Angst, darum verkleidete ich mich, aber sie durchschauten mich doch, ich fiel ihnen auf, sie merkten: „Der ist doch keiner von uns!" und sie überlisteten mich. Sie reichten mir den Becher, aus dem sie tranken – ich nahm ihn und ich trank und vergaß, sie gaben mir von dem, das sie aßen – und da vergaß ich, dass ich ein Königssohn bin. Ich benahm mich, als wär' ich ein Knecht ihres Herren, lebte wie einer aus dem Dämmerland, vergaß meinen Auftrag, vergaß auch die Perle, die heimzuholen meine Eltern mich ausgesandt hatten. Und je mehr ich aß, was sie aßen, umso müder und träger wurde ich, ich versank in tiefen Schlaf.*

Dass einer der Handlungsträger in Tiefschlaf oder Versteinerung erstarrt, ist kein seltenes Motiv in den Märchen. Originell und tiefsinnig ist jedoch, wie das Perlenlied diesen Persönlichkeitsverlust ausmalt. Im ersten Schritt will der Königssohn nur seine äußere Erscheinung anpassen für den „langen Marsch" bis zum Gewinn der Perle, aber diese Verkleidung schützt ihn nicht vor dem Misstrauen der Dämmerland-Leute. Sie geben ihm zu essen und zu trinken, was auch sie in sich aufnehmen; die Angleichung, die doch nur äußerlich geschehen sollte, wird innerlich und durch die Kommunion mit den Dämmerland-Leuten passt sich nicht nur das Verhalten an das Leben der Dämmerländer an, sondern auch die Haltung – der Königssohn erliegt der Trägheit.

Für eine – und vielleicht sogar die schlimmste – der sieben Hauptsünden hielt die mittelalterliche Theologie die „acedia", was zugleich Trägheit und Traurigkeit bedeutet. Acedia ist weder die gemütliche Faulheit noch die echte Trauer, sondern jene depressive Lebensverneinung, die sich immer wieder ausspricht in Sätzen wie „Da kann man nichts machen", die sich einrichtet im „behaglichen Elend". Dieser Lähmung scheint der Königssohn verfallen – und wie viele Menschen kenne ich, denen es ebenso ergeht, und gewiss ist auch mir diese Abstumpfung nicht fremd.

Aber ist das Perlenlied in seiner Weltsicht nicht doch zu gnostisch-dualistisch, zu weltverneinend, geradezu sektiererisch in der diskriminierenden Ablehnung der Dämmerland-Leute? Das Perlenlied ist ein Märchen und Märchen lieben zum einen klare Farben, zum anderen erzählen sie nicht von konkreten Menschen, sondern von Haltungen, die uns in jedem Menschen in der Welt ringsum begegnen. So wie die Hexe in „Hänsel und Gretel" das Hexengesetz des „Fressens und Gefressenwerdens" verkörpert, so verkörpern die Dämmerländer die trost-, sinn- und kraftlose Anpassung an ein Lebensgesetz, das Menschen nicht frisst, aber durch Lähmung ums Leben bringt. Die graue Tristesse pseudo-sozialistischer Diktaturen konnte Menschen lähmen, aber lähmend wirkt oft genug auch die bunte scheinhelle Glitzerwelt einer sinnfreien Konsum- und Spaßgesellschaft. Die Dämmerland-Leute sind nicht die anderen, sie sind Merkmal eines sich ausbreitenden Lebensmodells.

*All das, was mit mir geschah, erfuhren meine Eltern, sie erfuhren es und waren traurig. Und eine Botschaft erging in unser ganzes Reich: „Kommt her zum Tor des Königs, all ihr gekrönten Häupter Parthiens, all ihr Großen des Morgenlandes!" Und sie kamen zusammen und fassten einen Beschluss: „Wir lassen ihn nicht im Stich im Land der Dämmerung!" Und sie schrieben mir einen Brief, den unterschrieben alle mit ihrem Namen:*

*„Von deinem Vater, dem König der Könige. Von deiner Mutter, die im Morgenland regiert. Von deinem Bruder, dem Zweiten in unserem Reich. Du, unser Sohn im Dämmerland Ägypten, sei gegrüßt! Wach auf! Steh auf aus deinem Schlaf! Und höre, was unser Brief dir sagt! Erinnere dich: Du bist ein Königssohn! Sieh doch, zu wessen Knecht du dich gemacht hast! Denk an die Perle, die du aus dem Dämmerland heimholen wolltest! Erinnere dich an dein Strahlenkleid, denk an den scharlachroten Königsmantel! Du sollst dich wieder mit ihnen schmücken und dein Name soll zu lesen sein im Buch der Helden. Du und dein Bruder, unser Stellvertreter, ihr seid doch die Erben unseres Reiches!"*

*Und der König versiegelte diesen Brief, meinen Brief, versiegelte ihn mit seiner eigenen Rechten, so war er geschützt vor den bösen Söhnen Babylons und vor den rebellischen Dämonen im dunklen Gewirr. Und der Brief flog zu mir wie ein Adler, wie der König des Federvolks, flog zu mir und ließ sich bei mir nieder und wurde ganz Stimme und von seinem Rufen und Rauschen wurde ich wach und ich stand auf aus meinem schweren Schlaf. Ich nahm den Brief, ich küsste ihn, ich löste sein Siegel und las.*

*Und was dort geschrieben stand, das war auch eingeschrieben in mein Herz. Wie konnte ich nur vergessen, dass ich ein Königssohn bin? Wie konnte ich nur meine Freiheit vertun und meiner Berufung untreu werden? Doch jetzt dachte ich wieder an die Perle und an meinen Auftrag: sie heimzuholen aus dem Land der Dämmerung.*

Anders als der verlorene Sohn im klassischen Gleichnis (Lukas 15,11ff.) kann sich der in Schlaf gesunkene Königssohn nicht von alleine aufraffen. Den verlorenen Sohn treiben Hunger und Elend an, aus der Verlorenheit aus- und aufzubrechen. Unserem Königssohn aber fehlt dieser Antrieb, er spürt keinen Leidensdruck, keinen Hunger nach Leben, er ist stillgestellt.

Aber seine Eltern lassen ihren Sohn so wenig im Stich wie der barmherzige Vater seinen Jüngsten. Eine Botschaft, ein geheimnisvoll-wunderbarer Brief wird ihm nachgesandt, der ihn erinnert an seine Berufung – und an sein Wesen. Als er auferweckt liest, da findet er im Brief keine fremde Offenbarung, sondern das, was er vergessen hatte, was ihm aber selbst ins Herz geschrieben ist.

„Und was da geschrieben stand, das war auch eingeschrieben in mein Herz!“ Dieser Satz, den wir so schon im alttestamentlichen 5. Buch Mose finden (6,6), den die mittelalterliche Mystik immer wieder bedacht und beschworen hat, dieser Satz ist für mich ein Schlüsselsatz für das Verstehen des Glaubens und der Gottessuche. Immer wieder haben – wohl in allen Religionen – Himmelsexperten und Gottesbesetzer für sich in Anspruch genommen, das Monopol für die göttliche Wahrheit zu besitzen. Damit bekam die Gotteskunde etwas Fremdes, das kein Mensch ohne Weihe oder – modern – wissenschaftliches Studium begreifen konnte; die Größe Gottes wurde auch die der Gotteskundigen.

Gegen diese Hochtheologie erinnerte die Mystik an die Nähe Gottes und zeigt sich in der Volksfrömmigkeit oft – freilich unbewusst und nicht ohne gefährliche Nebenwirkungen – der immer auch nahe Gott, der uns seine Wahrheit ins Herz geschrieben hat. Offenbarung geschieht dann, wenn wir erwachen und uns das uns Ein-Geschriebene und Ein-Gebildete bewusst wird: unsere königliche Würde und Bestimmung, unser Wesen und unser Auftrag.

Das Bild der königlichen Würde, der unsichtbaren Krone, ist mir durch das Perlenlied zum Leit-Bild meines Lebens und meines Arbeitens geworden.

„Christ" bedeutet „Gesalbter" wie die Könige. Christsein heißt also zu wissen, dass jede und jeder ein Königskind ist, dass wir alle eine unsichtbare Krone tragen, die wir vielleicht vergessen, aber nie verlieren können.

Wenn wir von Menschenwürde sprechen, so meint das im Grunde das Gleiche. Nur ist für mich das Bild der Königskindschaft und der unsichtbaren Krone anschaulicher, eingängiger, merkbarer. In meiner Tasche trage ich stets einen Ring in Form einer Krone. Ich habe ihn schon oft jemandem für gewisse Zeit angesteckt, der die sichtbare Erinnerung gerade nötiger hatte als ich.

Auch das Grundgebet der Christen, das Vaterunser, spricht von der Königskindschaft. Denn was heißt es, den Namen Gottes zu heiligen? Der uns von Jesus zugesagte Gottesname lautet „Unser Vater". Indem wir ihn „heiligen", nehmen wir ihn ernst. Wir lassen ihn aufleuchten, wenn wir als Königskinder leben – und als Geschwister. Denn die königliche Würde unterscheidet mich nicht von meinen Mitmenschen, sondern verbindet mich mit ihnen. Aber nur, wer die eigene Krone spürt, sieht die Kronen der anderen; wer sich aber selbst schlecht macht, sieht ringsum nur Schlechtes.

Zurück zum Perlenlied und zu dem Brief, der den Königssohn an seine Würde und Berufung erinnert. Solche Briefe aus dem Morgenland erreichen uns immer wieder. Da gibt es das große und allgemeingültige Einschreiben der Bibel, aber wir alle – davon bin ich überzeugt – erhalten auch immer wieder Botschaften, die an uns ganz persönlich gerichtet sind. Manchmal sind es Menschen, manchmal Träume, es kann alles sein, was uns weckt und erinnert. Für mich – und nach meiner Erfahrung auch für etliche andere Menschen – sind nicht selten auch Märchen solche Weck- und Trost-Briefe ins Dämmerland. Wir erhalten nicht nur solche Briefe, wir sind, ohne es zu merken, oft Briefträger für andere.

Aufgeweckt und aufgestanden geht der Königssohn seinen Lebensauftrag nun mit neuem Mut und mit anderen Mitteln an.

*Und ohne Furcht trat ich dem Drachen entgegen; der tobte und schnaubte vor Wut, doch ich warf einen Zauber auf ihn, bannte seinen Schrecken mit dem Namen des Vaters und dem Namen meines Bruders, des Zweiten in unserem Reich, und dem Namen meiner Mutter, die im Morgenland regiert. Da wurde die große Schlange müde, ich sang sie in Schlummer und Schlaf, die Augen fielen ihr zu, sie sank zu Boden und ich entriss ihren Klauen die Perle, der nichts zu vergleichen ist.*

*Dann kehrte ich um zum Haus meines Vaters. Das Schmutzkleid der Dämmerland-Leute warf ich ab, den Kittel der Knechtschaft ließ ich zurück im fremden Land. Und ich ging meinen Weg ins Licht unsrer Heimat, dem Sonnenaufgang entgegen.*

Im Märchen verdichtet sich, was im Leben oft lange braucht und manchmal auch nie ganz gelingt. Der aufgeweckte Königssohn erledigt seinen Auftrag ohne Zögern und fast mit leichter Hand, die Dämmerland-Leute scheinen eine größere Gefahr und Barriere zu sein als der Drache. Er ist leicht zu überwinden, wenn man nur weiß, wie man ihm entgegentreten muss. Nicht mit der Wunderwaffe, dem Diamant-Dolch, bezwingt der Königssohn den Drachen, sondern mit einem Lied, einem Zauber. Wenn die Perle ein Sinnbild auch für die Liebe ist, so ist es ganz klar, dass sie nicht mit Macht und Waffengewalt gewonnen werden kann, sondern nur mit der Magie der Musik, die im Märchen oft eine rettende Lebenskraft ausdrückt und beschwört.

Das Lied des Königssohns beschwört Namen und Nähe des Vaters, des Bruders und der Mutter. Natürlich erinnert dieser Zaubername an die Trinität und das Kreuzzeichen; sind doch der Bruder, der Kronprinz, der erstgeborene Sohn, der uns an den Willen des Vaters erinnert hat, und die Mutter auch ein altkirchliches Bild für den Geist, das im Bild der „Gottesmutter" Maria fortlebt. Nun fällt die große Schlange in Schlaf, der Königssohn entreißt ihr die Perle seines Lebens, dann kann er umkehren, die Dämmerland-Verkleidungen hinter sich lassen und heimkehren ins Licht.

Damit hat das Märchen seinen Spannungsbogen erreicht und überschritten und wenn ich es erzähle, ende ich oft hier oder füge nur noch die letzten zwei oder drei Sätze des Märchens an. Denn die Rückreise wird auf eine schon sehr reflektierte, fast allegorische Weise ausgemalt, jedenfalls nicht mehr im Ton der Volksmärchen. Doch ihre schönen Bilder möchte ich hier nicht auslassen.

*Und der Brief, der mich aufgeweckt hatte, der ging mir voran auf dem Weg. Seine Stimme hatte mich wach werden lassen, nun leitete mich sein Licht – rot leuchtete die Schrift auf chinesischer Seide. So geführt und ermutigt, eilte ich heim und die Liebe, die aus diesem Brief sprach, gab mir Kraft.*

*Unbehelligt ging ich durch das dunkle Gewirr, ließ Babylon links liegen, kam nach Mesene, der großen Stadt, dem Hafen der Händler am Ufer des Meeres. Doch in den Bergen von Hyrkanien kamen mir, von meinen Eltern gesandt, die treuen Hüter ihrer Schätze entgegen und sie sollten mir etwas übergeben: mein Strahlenkleid, das ich als Kind abgelegt hatte, und den Königsmantel, den ich einst darüber trug.*

*Zwar war mir meine Würde in der Fremde fremd geworden, ich konnte mich kaum an meine edlen Gewänder erinnern, ich war ja noch ein Kind, als ich mein Vaterhaus verließ. Doch plötzlich, als ich's vor mir sah, erkannte ich mich in dem Strahlenkleid, wie in einem Spiegel fand ich mich selbst darin, ich sah es in mir und ich sah mich in ihm, wir waren zwei, voneinander verschieden und doch auch ein und dasselbe. Und ich sah: Auch die Hüter der Schätze, die mir das Kleid entgegenbrachten, waren zwei und doch eine Ge-*

*stalt, beide trugen das Zeichen des Königs und in seinem Namen überreichten sie mir das kostbare Pfand, das ich zurückgelassen hatte, mein leuchtend buntes Strahlenkleid, verziert mit Gold und Edelsteinen und Spangen aus Diamant.*

*Und aufgemalt auf das Spiegelkleid war überall – blau wie Saphir – des Königs der Könige Bild. Und weiter sah ich: Das Kleid sprühte Funken, so als blitzte geheime Erkenntnis auf. Und ich hörte eine Stimme, die flüstert und singt in mein Ohr: „Ich gehöre noch immer zu dir, denn tapfer bist du gewesen und du hast deinen Auftrag erfüllt. Und ich bin groß geworden vor deinem Vater – wie du, bin gewachsen mit dir, mit deinen Taten!"*

*Und das Kleid bewegte sich, als wäre es lebendig, es kam auf mich zu, aufrecht wie ein König, und ich sah, es passte mir wie angegossen, es streckte sich nach mir aus und ich lief ihm entgegen und es hüllte mich ein und füllte mich aus. Ich richtete mich auf, geschmückt mit der Schönheit seiner Farben, auch mein scharlachroter Königsmantel legte sich um mich.*

Eine fast barocke Überfülle von Bildern, die komplexer sind als die zumindest auf den ersten Blick einfachen Märchenbilder.

Relativ einfach ist zunächst noch das schon bekannte Bild des Briefes, der sich nun als leuchtender Führer erweist und den Königssohn herausführt aus dem Dämmerland Ägypten und dem Verwirrland Babylon, über die Grenze bis in die Randgebirge des Morgenlandes.

Hier kommen dem nach Hause Gehenden wieder zwei Boten entgegen, Schatzhüter, die ihm schon, bevor er das Haus des Vaters erreicht, etwas entgegenbringen von seiner einstigen Königswürde: die im Königshaus zurückgelassenen Strahlenkleider, die er gegen seine Reisekleidung und später noch gegen die Schmutzkleider des Dämmerlandes eingetauscht hatte. Die Boten und das Kleid und später dann auch der Königssohn verschmelzen in wirbelnden Bildern fast zu einer Gestalt.

Während wir Menschen unsere Lebensreise ins Dämmerland antreten, um dort die Perle zu finden, in der wir vielleicht unser „Ich“ sehen dürfen, bleibt doch etwas von uns im Morgenland, der lichten Heimat, zurück: unser aus Liebe gewebtes Strahlenkleid. Dieses Kleid hat sich mit uns entwickelt, ist mit uns gewachsen, damit es zu uns passt. Aber es wartet nicht einfach auf unsere Rückkehr. Wenn wir die Perle gewonnen haben und uns damit auf den Rückweg machen, kommt es uns entgegen und noch bevor wir unser letztes Ziel erreichen, können wir uns mit diesem Kleid schmücken, das zugleich ein Spiegel unserer Wirklichkeit ist wie ein Spiegel des königlichen Vaters.

In unsere Erfahrungs- und Vorstellungswelt übersetzt, könnte das bedeuten: Wer seinen Lebensweg bis zu einem bestimmten Perlen-Punkt gegangen ist und seine Lebenshaltung gefunden hat, kann, auch wenn er noch nicht am Ziel ist und natürlich ein unvollkommener Mensch bleibt, eine Ausstrahlung bekommen, die mehr zum Ausdruck bringt als das, was er tatsächlich leben kann.

Das meint freilich nicht, sich in ein feierliches Ornat zu hüllen, das den Träger aufwertet, aber mehr Schein als Sein bedeutet. Ein Blick auf einen 50-Euro-Schein kann das „Mehr“ veranschaulichen. „An sich“ ist er ein Stück Papier ohne großen Materialwert, aber weil eine verlässliche Autorität für seinen Wert bürgt, darum gewinnt dieser Schein einen Wert, der nicht in ihm liegt. Das Stückchen Papier verspricht mehr, als es halten kann; aber es ist dennoch kein Betrug, kein ungedeckter Scheck, weil die Europäische Zentralbank hinter dem Versprechen steht, das das Papierstückchen macht.

Die Einsicht, dass Eltern immer mehr versprechen, als sie selbst mit ihren Möglichkeiten „auszahlen“ können, lässt sich ähnlich im Christentum finden. Christen werden immer damit leben müssen, dass ihre Botschaft besser ist als die Boten. Die Kirche wird immer mehr versprechen, als sie selbst einhalten kann; sie kann ihre eigenen Versprechen nicht einlösen. Das soll keine billige Entschuldigung sein, sondern diese nüchterne Bestandsaufnahme soll den inneren wie äußeren Erwartungsdruck nicht übermächtig werden lassen. Die Kirche, und ich schließe mich ausdrücklich ein, ist eine ziemlich mäßige Schauspieltruppe mit einem großartigen Stück. Das ist auf Dauer besser als eine großartige Schauspieltruppe mit einem sinnlosen Stück. Wenn Menschen mir sagen: „Gutes Stück, ihr müsstet es nur besser spielen", dann kann ich ihnen nur recht geben. Und sie – ohne jede Häme – bitten, doch dabei zu helfen, es besser zu machen.

Die Verzagtheit vieler Christen kommt aus einem Gefühl ständiger Selbstüberforderung. Aber wir setzen als Christen – bei aller Freude über jeden „guten Christen" – ja nicht auf unsere „Güte", sondern auf die Güte dessen, von dem wir erzählen. Märchenerzählern ist klar, dass sie die Wunder nicht wirken können, von denen sie erzählen, und doch bewirkt es etwas in Menschen, dass sie davon erzählen. Wenn Christen etwas spiegeln vom „Morgenland", vom Lebenslicht hinter und in all den Dunkelheiten des Lebens, dann bewirken sie auch ein „Mehr" an Hoffnung und Lebensmut.

Zurück zum Märchen. Wenn ich die Perle gefunden habe, die ich auf meiner Reise ins Dämmerland gewonnen habe, wenn sich dann meine Lebensrichtung umkehrt, dann strahle ich schon etwas aus von dem Glanz, der als morgenländischer Traum und Sehnsucht in mir und allen Menschen angelegt ist. Anders als im Märchen mit seinem einmaligen Weg und der einmaligen Umkehr wiederholt sich die Geschichte im menschlichen Leben: Immer wieder vergesse ich die Perle, verdämmere ich in Trägheit, aber immer wieder trete ich auch dem Drachen entgegen und wenn ich mich umwende, fällt das Licht des Strahlenkleides um mich.

*So mit Glanz umkleidet stieg ich empor zu dem Tor, wo man den König grüßt und ehrt, ich neigte mein Haupt und beugte die Knie vor dem Glanz meines Vaters, der mir mein kostbares Kleid geschenkt. Seinen Auftrag hatte ich erfüllt, er würde sein Versprechen halten. Am Fürstentor reihte ich mich ein in die große Schar, doch der Kö-*

*nig der Könige kam auf mich zu: „Willkommen", rief er, „wie freue ich mich, dass du heimgekommen bist in mein Reich!" Und es klang wie Musik und wie ein Segen: „Das Tor ist immer offen für dich! Komm herein!" Und ich lief zu ihm und er nahm mich in seine Arme und ich gab ihm, was ich mitgebracht hatte von meiner Reise: die Perle, der nichts zu vergleichen ist.*

Glücklich wie die Volksmärchen endet auch das Perlenlied, mit einer Szene, die in manchem an das Gleichnis vom barmherzigen Vater erinnert und doch anders ist, weil hier kein Verlierer heimkommt, sondern jemand, der seinen Lebensauftrag erfüllt hat. Manche Deuter sehen darin „gnostischen Hochmut"; mir scheint dieses Urteil nicht fair. Denn so, wie wir immer zugleich diejenigen sind, die den Geringsten etwas nicht getan haben, und diejenigen, die ihnen Gutes getan haben, so wie wir immer Goldmarie und Pechmarie sind, so sind wir Verlorene mit leeren Händen und Erfolgreiche mit einer gewonnenen Perle. Die Märchen legen nun einmal, um Mut zu machen, den Blick vor allem auf das endliche Gelingen. Dass das Misslingen als Schatten unser Leben immer begleitet, ist damit keineswegs geleugnet. Aber manchmal scheinen mir fromme Menschen sich geradezu mit Lust und Eifer darum zu bemühen, den Menschen klein zu machen, als ob damit Gott größer würde. Eigentlich doch eine seltsame Vorstellung, gerade so, als würde Mozart größer, wenn man seine Kompositionen schlecht macht. Ich jedenfalls teile die märchenhafte Zuversicht, dass es im Leben auch Gelingen gibt und dass viele Menschen die ihnen gegebenen Talente nicht nur vergraben und vergeuden, sondern erfolgreich anlegen.

Kommen wir am Ende noch einmal zurück zu der Frage, was die Perle bedeuten mag, die nur wir dem König bringen können. Die Hochtheologie hat immer Wert auf einen bedürfnislosen Gott gelegt. Was er will, verschafft er sich selbst, und er genügt sich selbst, vielleicht noch in einem inneren Beziehungskreis der Trinität. Die Mystik hat das immer anders gesehen, weil ihr die Liebe die Schlüsselerfahrung für das Verstehen Gottes war und Liebe das Gegenteil von Selbstgenügsamkeit ist. Angelus Silesius, der in seinem „Cherubinischem Wandersmann" die Einsichten der christlichen Mystik in barocken Versen verdichtete, hat das so ausgedrückt:

*Man sagt, Gott mangelt nichts, er darf nicht unserer Gaben;*
*Ist's wahr, was will er dann mein armes Herze haben? (III,123).*

*Dass Gott kein Ende hat, gesteh ich dir nicht zu,*
*Denn schau, er sucht ja mich, dass er in mir beruh (I,277).*

*Was will doch Gottes Sohn, dass er ins Elend kömmt,*
*Und ein solch schweres Kreuz auf seine Schultern nimmt?*
*Ja, dass er bis in Tod sich ängstet für und für?*
*Er suchet anders nicht, als einen Kuss von dir! (IV,57).*

*Gott ist so viel an mir, als mir an ihm gelegen,*
*Sein Wesen helf ich ihm, wie er das meine hegen (I,100).*

Liebe genügt sich nicht selbst, sie verlangt nach einem Du, das in Liebe antwortet. Dieses liebende Du kann selbst Gott nicht „machen", weil Liebe nur in Freiheit möglich ist. Wenn ich meinen Computer so programmieren würde, dass er mich jeden Morgen mit einem „Ich liebe dich" begrüßt, es wäre doch nichts wert, weil dahinter kein Wille steht und keine Entscheidung. Ein Ja hat aber nur dann Wert, wenn auch ein Nein möglich wäre, eine ehrliche Liebeserklärung kann nicht erzwungen werden.

Die für mich beste Deutung sieht in der Perle das freie Ja des Menschen, der zur Liebe gefunden hat. Vielleicht kann er nicht ja sagen zu „Gott", weil das, was er mit dem Wort Gott zu verbinden gelernt hat, nichts anderes ist als Fremdbestimmung und Über-Ich. „Gott ist Liebe", heißt es im 1. Johannesbrief, „und wer in der Liebe wohnt, der wohnt in Gott und Gott wohnt in ihm" (1. Johannes 4,16). Wer immer mit ehrlicher Liebe auf die ihm geschenkte Liebe antwortet, der entreißt dem Drachen der Angst die Perle, der nichts zu vergleichen ist. Und wenn der Heimweg auch lange dauern mag, immer wieder werden die – in welcher Form auch immer – ehrlich Liebenden etwas vom Morgenglanz der Ewigkeit ausstrahlen.

Das Perlenlied ist – trotz seiner vielen märchenhaften Züge – kein Volksmärchen; aber wie das Perlenlied erzählen auch viele Volksmärchen von der langen Reise durch ein dunkles Land. Das Leben ist kein Heimspiel, wir sind nicht fraglos zu Hause in der Welt, nicht einmal in uns selbst. Aber vielleicht ist das Leben ein Heimweg.

*5. Kapitel*

## Die Toten aus dem Meer
oder:
## Wie lassen wir die Vergangenheit in Frieden ruhen?

Unser Leben ist eine Suchwanderung und die Märchen erzählen wie die großen Religionen der Menschheit von der Hoffnung, dass der Weg ein Ziel hat und die Reise ein glückliches Ende finden kann. Aber das Leben ist keine vergnügte Spritztour, kein Sonntagsspaziergang, keine durchorganisierte Pauschalreise. Unser Weg führt durchs Dämmerland, durch Fragen und Zweifel, durch Angst und Leid. Und da ist nicht nur das Leid, das wir erdulden müssen, da ist auch Leid, das wir verschulden.

Aber nicht nur das Leid liegt wie ein Schatten auf unserem Leben. Unserer lichten Hoffnung auf einen sinnvollen Lebensweg folgt wie ein Schatten die Angst vor der Vergänglichkeit und Vergeblichkeit all unserer Mühen, und die extremste und doch unausweichliche Form der Vergänglichkeit ist der Tod. Ich weiß, dass ich sterben werde – und kann mir den eigenen Tod doch nie vorstellen, kann das eigene Nicht-Sein nicht denken, setzt doch mein Denken und Vorstellen immer schon voraus, dass ich bin. So ist der Tod eines der großen Welträtsel, zugleich gewiss und doch undenkbar, und damit ganz unheimlich und unvertraut.

Aber wenn wir uns den eigenen Tod auch nicht vorstellen können, in den Toten kommt uns diese unheimliche Zukunft nah. Darum waren in vielen Kulturen die Toten tabu, unberührbar. Die bleibende Beunruhigung durch die Toten ließ sie für die Überlebenden oft zu Untoten werden, zu Widergängern und Gespenstern. Der Tod „an sich" scheint nicht so beängstigend zu sein; da, wo er in den Märchen als Gestalt auftaucht, ist er nicht bösartig wie die Hexen, kein Ungeheuer wie die Drachen, er tut nur seine Pflicht. Aber in den Toten wird die bedrohliche Vergänglichkeit konkret erfahrbar, als Untote erscheinen sie in alten Erzählungen wie in modernen Gruselfilmen. Dass sie zumeist irgendwie nebulös, gespenstisch, anders als andere Schreckgestalten nicht recht greifbar scheinen, macht sie noch unheimlicher.

Zwei Geschichten von Untoten, die mich besonders berühren, bedenke ich in diesem Kapitel. Allerdings geht es mir dabei nicht zuerst um die Auseinandersetzung mit dem Tod und um die vor uns Vergangenen, sondern um unsere Vergangenheit, um die Zeiten und Erfahrungen, die wir in uns begraben haben. Denn auch das ist so unausweichlich unser Schicksal wie der Tod: Mit jedem Tag haben wir in dieser Welt weniger Zukunft, die wir gestalten könnten wie die Königstochter, die sich unbekümmert über die Brüstung des Sternenturms schwingt; mit jedem Tag haben wir mehr Vergangenheit, die wir nicht mehr ändern können, die wir aushalten müssen. Und so wird mit jedem Lebensjahr die Frage wichtiger, wie wir uns mit der vergangenen Lebensgeschichte versöhnen können, mit dem, was war und doch (noch) nicht in Frieden ruhen kann, sondern in uns spukt und uns innerlich zerreißt.

Nur einen Auftrag hat die Kirche nach dem alten Apostolischen Glaubensbekenntnis: die Vergebung der Sünde. Sünde meint biblisch-christlich nicht zuerst menschliches Fehlverhalten, sondern „Sonderung", Trennung, innere Zerrissenheit. Menschen leben zu helfen mit der Last der eigenen Lebensgeschichte, das ist auch heute ein wesentlicher Auftrag derer, die mit ihren schwachen Kräften die Erinnerung an die große Gotteshoffnung Jesu wach zu halten versuchen.

In den Märchen kommt das belastete Wort „Sünde" nicht vor, aber was „Sünde" wirklich bedeutet, das spiegelt sich oft in den alten Volkserzählungen. Geschichten von Begegnungen mit den Untoten sind auch ein guter Spiegel für die Frage nach der Versöhnung mit der eigenen Vergangenheit.

Das erste der beiden Märchen – es liegt zwischen Märchen und Sage – stammt aus Norwegen, von den Lofoten:

## Die Toten aus dem Meer und die Toten auf dem Land

Es war an einem Heiligen Abend in einem Hafen und Handelsplatz hoch im Norden auf den Lofoten, wo die Fischer ihren Fang verkaufen und sich neu ausrüsten zur Fahrt. Dort in Gulldall, so hieß der Ort, stand zwischen Fischerhütten und Kaufmannshäusern auch eine Kirche mit einem Friedhof, wie es sich gehört.

Überall in Gulldall wurde Weihnachten gefeiert mit Suppe, Fisch und Braten, mit Julbier und Branntwein: das erste Glas zum Anwärmen, das zweite für die Verdauung, das dritte, um in die richtige Weihnachtsstimmung zu kommen. So kam es, dass im Hause eines reichen Kaufmanns die Branntweinkanne schon vor Mitternacht leer war, und da musste der Lehrjunge zum Hafen hinunter und die Kanne wieder füllen aus der Branntweintonne im Packhaus. Es war nicht kalt in dieser Weihnachtsnacht und es lag kein Schnee, aber vom Meer wehte ein böiger Wind und es regnete in Strömen. Der Junge lief zum Hafen hinunter, sprang die hölzerne Treppe zum Lagerhaus hoch, stellte die Kanne unters Fass und drehte den Zapfhahn auf. Dann wartete er, während der Schnaps aus der Tonne in die Kanne gluckerte. Aber ihm war so seltsam zumute in dieser Nacht. Und als er sich einmal umdrehte und zur Tür sah, kauerte da etwas auf der Schwelle: Es schien durchsichtig, hatte aber Haare, lang und ausgebleicht und strähnig, Augen, riesig und starr, um die ganze Gestalt schimmerte es grünlich wie Meeresleuchten, sie war so groß, dass sie die ganze Tür ausfüllte – unmöglich, an ihr vorbeizukommen – und sie schien noch zu wachsen.

Der Junge wusste, das musste ein Draug sein, einer, der sein Leben im Meer gelassen hatte und nur zurückkommt, um einen lebenden Menschen mit sich zu ziehen in die Tiefe.

Und da sprach der Draug ihn an mit einer Stimme, die aus dem Meer zu kommen schien: „Junge, es ist Heilige Nacht. Und mir ist so kalt. Gib mir doch von deinem Lebenswasser, gib mir einen Schnaps."

„Den sollst du haben", rief der Junge und dann schleuderte er seine Kanne mit aller Kraft gegen den Draug. Der taumelte zurück und stürzte die Treppe hinunter. Unten wimmerte und stöhnte es, aber die Tür war frei und der Junge sprang hinaus und lief davon.

*Er lief so schnell wie nie zuvor in seinem Leben, aber ihm war, als käme er gar nicht voran. Hinter ihm rauschte das Meer, Welle auf Welle, als käme es immer näher, es wogte hinter ihm her wie das Getöse von vielen hundert Männern. Auch der Geruch des Meeres wurde immer stärker, es roch nach Salz und Tang und nach verfaultem Fisch.*

*Der Junge war wie gelähmt. Da schlug die Kirchturmuhr, das brachte ihn wieder zur Besinnung. Er lief zum Kirchhof, sprang über die Friedhofsmauer und schrie:*

*„Steht auf, ihr Christenseelen, steht auf!*
*Die Toten aus dem Meer sind hinter mir her.*
*Steht auf, ihr Christenseelen, und helft mir!"*

*Dabei stolperte er weiter über die Gräber, fiel über Kreuze und Steine, bis er die Mauer auf der anderen Seite erreichte. Mit letzter Kraft schwang er sich hinüber. Hinter sich auf dem Friedhof hörte er es rumoren, es knirschte und knarrte, polterte und dröhnte, erst war's noch unter der Erde, dann war's, als bräche die Erde auf. Und dann klang es wie ein lautloser Kampf, dumpfe Schläge und zersplitterndes Holz, aber keines Menschen Stimme war zu hören. Der Junge lief weiter und fand, er wusste selbst nicht wie, zurück nach Haus. Dort ging er sofort zu Bett, denn er wusste, dass man von solchen Erlebnissen nicht erzählen soll, ehe es Morgen geworden ist, ehe man einmal darüber geschlafen hat.*

*Am Weihnachtsmorgen beim Kirchgang fanden die Leute den ganzen Kirchhof übersät mit umgestürzten Steinen und mit Brettern von den Särgen, so als hätten die Verstorbenen sie als Waffen benutzt. Und daneben lagen zerbrochene Ruder und Planken von längst gesunkenen Schiffen, Ankerketten und Enterhaken, als wären's die Waffen der Draugs gewesen.*

Eine ganz und gar ungemütliche Weihnachtsgeschichte. Wo Weihnachten im Märchen überhaupt vorkommt – am ehesten noch in Geschichten aus dem Norden, aus Skandinavien und Island –, hat es wenig gemein mit der familiären Idylle, die wir seit dem 19. Jahrhundert mit diesem Fest verbinden. Die Weihnacht der nordischen Märchen ist noch nahe am vorchristlich-unheimlichen Fest der Wintersonnenwende; in dieser Zeit der kürzesten Tage und der längsten Nächte, in den Raunächten, ging die Wilde Jagd um und Trolle und Untote drangen ein in die Menschenwelt. Das alte germanische Wort „Weih" meint wie das lateinische „sacer" zugleich heilig und verflucht, also tabu, unheimlich. Erst das Christentum hat diese unheimliche Weih-Nacht „umgetauft" zur Heiligen Nacht, in der ein Licht aufgeht mitten in der Finsternis.

Auch in dem im vorliegenden Wortlaut wohl nicht sehr alten Sagenmärchen von den Lofoten klingt der frühmittelalterliche Konflikt zwischen vorchristlicher und christlicher Weltsicht nach. Erkennbar wird er in der unterschiedlichen Sicht der Toten. Denn die im Märchen beschriebenen unterschiedlichen Toten, die im Meer und die auf dem Land, verkörpern wohl zwei unterschiedliche Erfahrungen mit den aus dem Leben Verschwundenen. Die Toten im Meer, die nicht in geweihter Erde ruhen, bedrohen die Lebenden. Die Toten auf dem Land, die auf dem Friedhof unter der Erde liegen, sind in Frieden mit den Erdbewohnern.

Warum sind die nicht begrabenen Toten so unheimlich, so gespenstisch? Vielleicht weil die Überlebenden nicht wissen, wohin mit ihnen, weil sie nicht Abschied nehmen können. Alte Frauen haben mir erzählt, wie schlimm es im letzten Krieg war zu hören, dass Vater, Bruder, Mann oder Sohn gefallen war. Aber noch viel schlimmer war es, wenn sie nur vermisst gemeldet worden waren, wenn man nichts abschließen konnte und es keinen Ort des Abschieds gab.

Dass die Toten bedrohlich, weil ortlos erscheinen, gilt nicht nur für körperlich Vermisste und Verschollene. Bedrohlich erscheinen der Tod und die Toten wohl überall, wo man sie nicht einordnen, nicht einfrieden kann, weil der Tod keinen Ort hat und nur als bodenloser Abgrund erscheint. So war in vielen alten Kulturen die Berührung der Toten ein Tabu, noch nach dem Alten Testament wird man dadurch unrein, obwohl die Bestattung eines Toten ein gutes Werk ist. Auch die Großsteingräber der Jungsteinzeit dienten vermutlich weniger als Schutzraum für die Verstorbenen, sondern vielmehr als Bollwerk der Lebenden gegen eine Wiederkehr der dort eingemauerten Toten. In allen antiken europäischen Kulturen lagen die Gräber weit entfernt von den Wohnungen der Lebenden, die Toten wurden draußen vor den Mauern begraben, in der antiken Weltstadt Rom wie in dem abgelegenen römischen Provinzstädtchen Castra Vetera, Xanten. Das römische Xanten blieb so gut erhalten, weil sich am Ende der Antike die nun christliche Bevölkerung um die Kirche ansiedelte, die über den Gräbern der verstorbenen Märtyrer errichtet worden war. So wurde der ursprünglich vor der Stadt gelegene Friedhof zum Fundament der neuen christlichen Siedlung, während die alte heidnische Stadt verfiel, aber nicht überbaut wurde.

Für christliche Ortschaften war es bis ins 20. Jahrhundert typisch, dass die Friedhöfe nicht draußen vor den Mauern lagen, sondern um die Kirche in der Mitte der Ansiedlungen. Die Toten waren nicht länger Schreckgespenster, sie waren Nachbarn und Vorfahren, vorgegangen auf dem Weg aller Lebenden, nicht verschlungen vom Nichts, sondern zur Ruhe gebettet in Gottes Hand.

So ist es auch in unserem Sagenmärchen. Gewiss gibt es logisch und objektiv keinen Grund, warum die Ertrunkenen nicht auch „Christenseelen" sein sollten; aber in der traum- oder auch albtraumartigen Bildersprache des Märchens geht es ja nicht um Konfessionszugehörigkeit und Kirchenmitgliedschaft. Es gibt, erzählt das Märchen, Tote, die in Frieden ruhen, und solche, die keinen Frieden finden und darum als Bedrohung gesehen werden.

Diese Unheimlichkeit des Todes war nicht nur ein Problem der vorchristlichen Zeit, sondern wird auch in unserer oft nachchristlichen Welt mehr und mehr zum Problem. Immer seltener haben Menschen wirklich Kontakt mit Sterbenden und Toten, immer öfter vermeiden sie aus Angst diese Begegnung und mit dem Ausweichen wächst die Angst vor dem Unbekannten weiter.

Aber Märchen reden viel mehr von dem, was sich in uns bewegt, als von der Außenwelt. Dieses Märchen regt an, über unsere Sicht der Toten nachzudenken. Mehr noch aber regt es mich an zum Nachdenken über das in mir „Verblichene", die in mir begrabene Vergangenheit. Auch da gibt er Zeiten und Erinnerungen, die in Frieden ruhen, die ich dankbar oder doch zumindest einverstanden zurückgeben kann in Gottes Hand. Aber tief in mir, in Abgründen, die ich selbst kaum einsehen kann und mag, liegen auch noch unbegrabene Leichen, Vergangenheiten, mit denen ich nicht versöhnt bin, die mitunter als Gespenster auftauchen und mich dann „herunterziehen". Seit Sigmund Freud sind Begriffe wie „Unbewusstes" oder „Unterbewusstsein" für diesen dunklen Bereich geläufig, aber im Grunde klären diese Begriffe nicht mehr als die Märchenbilder, ja, vielleicht täuschen solche scheinbar sachlichen Begriffe auch manchmal zu schnell vor, wir könnten all diese Abgründe „analytisch" ent-decken und ent-sorgen. Gewiss lässt sich manches klären und zur Ruhe betten, wenn ich mich damit auseinandersetze, es mithilfe eines kundigen Begleiters betrachte und als Erwachsener eine Strategie finde, die mir als Kind noch nicht zur Verfügung gestanden hat. Manches löst sich wohl auch wie von selbst und verliert seine beängstigende Wirkung. Aber anderes bleibt, ist nicht wegzureden, ist nicht einfach nur Gefühl oder Komplex, sondern objektive Lebenslast, die mit den Jahren vielleicht sogar immer bedrückender wird: das Scheitern einer Ehe, der Tod eines Kindes, das Versagen in einer bestimmten Situation, eine zerbrochene Freundschaft.

Gegen diesen Fluch, der das Leben belastet, hilft manchmal mehr als die Analyse möglicher Ursachen ein Gegenzauber, ein Segen. Die Zuwendung eines Menschen kann solch ein heilender Segen sein oder die Hinwendung zu Gott im Gebet. Segensreich auswirken können sich auch die Erinnerungen, die in mir in Frieden ruhen.

Meine beiden Eltern kämpften auf dem Sterbebett mit ihren Draugs. In seiner allerletzten Lebensphase erschien meinem Vater sein eigener Vater. Er sah ihn in mir, der ich an seinem Bett saß. 70 Jahre zuvor hatten die beiden einen bösen und nie versöhnten Konflikt, der meinen Vater all die langen Jahre gequält hatte; nun endlich wehrte er sich gegen diesen Angriff aus der erinnerten Vergangenheit. Und als er seinen Vater zur Hölle geschickt hatte (so kam es mir jedenfalls vor), da erschien (und wieder war ich der stumme Spiegel am Bettrand) sein Lieblingsbruder, der zwei Jahre älter als er gewesen und schon als Jugendlicher gestorben war, und beschützt ihn, holte ihn ab, und mein Vater, der bis dahin buchstäblich ans Bett gefesselt werden musste, weil ihn Angst und Unruhe immer wieder herumwarfen, hatte dann auch körperlich seinen Frieden gefunden und schlief zwei Tage später in diesem Frieden ein.

Meine Mutter, zeitlebens eine starke lebensbejahende Frau, die uns Kinder nie mit Religion ängstigte oder auch nur zu erziehen suchte, wurde in ihren letzten Monaten als weitgehend dementer Pflegefall heimgesucht von den Dämonen der Vergangenheit. Sie, die uns immer einen heiteren und sinnesfrohen Glauben vermittelt hatte, wurde gequält von Höllenängsten. Wenn ich dann bei ihr sein konnte, habe ich gegen diese Draugs immer die Erinnerung an meine schöne Kindheit heraufbeschworen, die ich vor allem meiner Mutter verdanke: Ich erzählte ihr von den lang vorbereiteten Krippenspielen, die vor hundert Zuschauern im ausgeräumten Wohnzimmer aufgeführt wurden, und von herzerfrischenden Karnevalsfeiern, für die das gleiche Wohnzimmer vier Wochen lang verwandelt wurde in ein Zigeunerlager oder den Olymp. Und diese guten Erinnerungen trieben die Draugs zurück in die Tiefe.

Freilich, da lauern sie noch immer. Eigentlich müsste es unser Ziel sein, die Draugs zu begraben, sie in Frieden ruhen zu lassen. Das ist für mich ein schönes Bild für das oft missverstandene Sakrament der Beichte. Im Idealfall bedeutet sie die Bestattung von Draugs: Mit all deinen Brüchen und Ängsten, mit all deinem Versagen und all deiner

Dunkelheit darfst du sein. Leg alles, was dich quält, in Gottes Hand und lass es dort in Frieden ruhen.

Leider ist es wohl nicht immer ganz so einfach. Ich habe jedenfalls noch mit einigen unbegrabenen Draugs zu tun. Manche Draugs konnte ich nach Jahren zur Ruhe betten, etwa wenn sich ein unglücklicher Konflikt doch aufgelöst hat; andere, um die ich wohl weiß, halten schon längere Zeit im Abgrund still wie der Drache unter dem Turm zu den Sternen. Aber ich werde wohl bis an mein Ende damit leben müssen, dass ich nicht alles begraben und bereinigen kann.

Wie es dennoch – manchmal – gelingen mag, einem Draug nicht nur zu entkommen, sondern ihn zu erlösen, davon erzählt das folgende Märchen, eine Geschichte der Eskimo, die sich selbst Inuit, Menschen, nennen.

### *Die Skelettfrau*

*Am Ende der Welt in Mitternacht liegt am Eismeer das Land der Inuit. Hart ist das Leben dort, nie schmelzen Eis und Schnee, nie taut die gefrorene Erde auf, nie wärmt die blendende Sonne. Doch dies kalte Land ist die Heimat der Inuit, sie leben von dem, was im Eismeer lebt, von Fischfang und Robbenjagd.*

*Nur eine Bucht an der Eismeerküste, die meiden die Fischer und Jäger. Dort hatte einst ein Vater seine Tochter ertränkt. Zur Strafe für ein Vergehen, an das sich niemand mehr erinnern konnte, hatte er sie von den Klippen ins Meer gestoßen. Lange schon lag das tote Mädchen auf dem Meeresgrund. Die Fische fraßen ihr das Fleisch von den Knochen, sie fraßen ihre kohlschwarzen Augen. Als Skelettfrau trieb es sie umher unter dem Eis und die Strömung drehte sie um und um und um.*

Das Märchen führt uns in eine kalte Welt, der die Menschen doch Leben abtrotzen können und es so zur Heimat machen. Aber selbst in dieser kalten und harten Wirklichkeit schrecken die dort Lebenden zurück vor der gnadenlosen Gerechtigkeit eines Vaters, der – aus längst vergessenen Gründen – seine eigene Tochter hinrichtet. Wieder mag das eigene Kind auch ein Bild sein für die eigene „Seele“, die eigene Zukunft. So erzählt das Märchen, wie ein Draug entsteht. Vom Vater verurteilt, wird etwas, das nicht leben darf, im Abgrund versenkt. Dabei ist der „strenge Vater“ der Märchen so wenig ein eigener konkreter Elternteil wie die mörderische Mutter aus dem „Pfefferbaum“, eher versammeln sich im Bild des Vaters all die verinnerlichten Regeln, Gebote und Verbote, die Ideale, die mich leiten, und die Ansprüche, die mich fordern. Wie jedes Symbol ist auch das Sinnbild des Vaters doppeldeutig: Es kann tröstende Verheißung letzter Gerechtigkeit bedeuten oder auch niederdrückende Überforderung. Der Vater in diesem Inuit-Märchen ist eine Verkörperung des „großen Nein“ im Menschen, der das, was nicht seinem Anspruch entspricht, zum Untergang verurteilt. Ich kenne es durchaus auch an mir und erlebe bei vielen Menschen, dass eine mächtige innere Autorität etwas, das nicht annehmbar und entschuldbar scheint, versenkt und verdrängt in die Tiefen des Unterbewussten.

*Doch einmal kam ein fremder junger Jäger in die Bucht, der wusste nichts von dem toten Mädchen. Er rudert mit seinem Kajak hinaus, weit, weit wirft er die Angel aus. Und gleich zieht's an der Schnur, da ist etwas am Haken. Schwer ist es, schwer. „Ein guter Fang“, freut sich der junge Jäger, „ein großer Fisch an meiner Angel. Viele Tage kann ich davon leben und muss nicht hinaus auf die Jagd!“*

*Doch nicht ein Fisch hängt am Haken, sondern die Skelettfrau. Die will sich befreien und dreht sich um und um unter Wasser und kommt doch nicht los. Mehr und mehr verstrickt sie sich in die Angelschnur. Und der Jäger lässt die Angel nicht los, er zieht und zieht, er zieht seinen Fang aus dem Wasser, er wirft die Beute ins Boot. Da liegt die Skelettfrau vor ihm. „Iii“, schreit der Jäger, „aiii!“ Er packt sein Paddel, er stößt die Skelettfrau wieder ins Wasser, er rudert zurück zum Ufer, so schnell er nur kann. Aber keiner der Inuit gibt seine kostbare Angel auf. Und die Skelettfrau hängt noch immer am Haken. Also kommt sie ihm nach: ans Ufer, über das Eis, durch den Schnee, auf und nieder durch die Klippen, und ihre Knochen schlagen aneinander. So laufen sie, laufen und laufen. Da liegen Fische zum Trocknen in der Sonne, weiter läuft der Jäger, weiter, doch die Skelettfrau packt ein paar von den Fischen und steckt sie in ihren Mund. Und der Jäger läuft weiter, so schnell er kann, und er lässt seine Angel nicht los.*

Kein Königssohn bricht auf, um die in den Tiefen versunkene Skelettfrau zu retten, nein, einer, der nichts von ihr weiß, der sich ganz unbefangen in die von allen gemiedene Bucht wagt, holt sie herauf. Beides gibt es ja im Leben wie im Märchen, die bewusste Suche nach dem, was erlöst werden muss, aber auch das unerwartete Auftauchen eines Draugs. Die Skelettfrau ist freilich, anders als die Draugs von den Lofoten, nicht auf der Jagd nach Menschen, die sie in die Tiefe ziehen will, sie sucht die Verbindung mit dem Jäger ebenso wenig wie er. Aber einmal verbunden, kommen sie nicht wieder los voneinander. Wohl reagiert der Jäger auf seinen Fang mit Abscheu und Angst, nicht mit der Hand stößt er die Unberührbare zurück ins eisige Meer, sondern mit dem Paddel. Dann flieht er – und nimmt doch die, vor der er flieht, mit sich.

Dass einer fliehen will und doch nicht fortkommt, dass er dem, was ihn verfolgt, nicht entkommen kann, das kennen viele Menschen auch aus ihren Träumen. Mich erinnern die Traumbilder dieses Märchens auch an die einfache Wahrheit, dass wir vor nichts, was wirklich wichtig ist, weglaufen können, weil es zu uns gehört. Wie oft nehmen wir das Problem, dem wir entfliehen wollen, mit uns.

Dass die Skelettfrau bei dem gespenstischen Rennen Fische in ihren Mund steckt, zeigt ihren ungestillten Hunger nach Leben. Wer aber nach Leben hungert, lebt nie von Brot oder Fisch allein.

*Dann ist er bei seinem Iglu, er kriecht hinein, er wirft sich auf sein Lager. Ganz finster ist es im Iglu. Der Jäger zündet die Tranlampe an – da sieht er die Skelettfrau in seiner Hütte: nur noch ein wirres Knochenbündel, eingeschnürt in die Angelschnur. Er sieht sie an, sieht ihre weißen Knochen, sieht ihre leeren Augen. Dann streckt er die Hand aus, er berührt die Skelettfrau, er löst die Leine, entwirrt die Knochen, er legt sie sorgsam nebeneinander. „Na, na, na", singt er dabei, „na, na, na." Die halbe Nacht lang singt er so und er ordnet im Licht seiner Lampe die Knochen der Skelettfrau und er deckt sie mit warmen Fellen zu.*

Die Flucht des Jägers vor dem Gespenstischen aus dem Meer endet erst in seinem Iglu. Hier stellt er sich dem, was er da mit sich gezogen hat. Fühlt er sich hier in seinem Zuhause sicher? Oder kann er einfach nicht weiter weglaufen? Das Märchen lässt das offen, mein Gefühl ist: Er weiß nicht mehr, wohin er noch flüchten sollte. Aber Licht hat er in seiner Hütte und alles, was nun geschieht, geschieht in diesem inneren Licht.

Denn nun stellt er sich dem Wesen, vor dem er bislang nur geflüchtet war. Er sieht genauer an, was ihm nur ekelhaft und Furcht einflößend erscheint. Vielleicht erkennt er das zerstörte Leben, das sich hinter dem Schreckgespenst verbirgt. Er überwindet alle Ängste und Tabus und berührt die Skelettfrau, dann ordnet er sie. Und dabei singt er beschwörend, vielleicht will er seine Angst beruhigen, vielleicht will er dem toten Mädchen mit einem Schlaflied Frieden bringen.

Schon im Märchen vom Pfefferbaum ist uns das Lied begegnet als Bild für die Lebenskraft. Immer wieder hat Musik im Märchen diese Bedeutung, und auch im Leben und in allen Religionen hat das beruhigende beschwörende Singen seinen Platz und seinen Sinn, wie jeder weiß, der schon einmal ein Kind in Schlaf gewiegt oder eine gregorianische Liturgie oder einen Taizé-Gottesdienst mitgefeiert hat.

Und endlich deckt der Jäger die kümmerlichen Überreste eines Lebens, die er da vor sich ausgebreitet hat, mit warmen Fellen zu wie einen lebenden Menschen, der noch frieren, noch Kälte und Wärme spüren kann. Ansehen, berühren, ordnen. Mir erscheinen diese drei Schritte wie ein Ratschlag für alle, die dem, was sie fliehen wollen, nicht länger ausweichen können.

*Dann kriecht auch der Jäger unter die Felle auf seinem Lager. Und er schläft ein und er träumt und im Traum läuft eine helle Träne über seine Wange. Das sieht die Skelettfrau, sie kommt zu ihm, sie beugt sich über ihn, sie trinkt die Träne, trinkt und trinkt, als wär's ein Strom, als wollte sie den Durst eines ganzen Lebens löschen. Dann nimmt sie das Herz des Jägers, sie schlägt das Herz wie eine Trommel mit ihren Knochenhänden und sie singt dazu. „Oh Fleisch, Fleisch, Fleisch", singt die Skelettfrau, „oh Haut, Haut, Haut." Und je mehr sie singt, desto mehr Fleisch wächst um ihre Knochen, desto mehr Haut wächst um ihr Fleisch. Und sie singt weiter: für schwarze Haare und kohlschwarze Augen, für Ohren und Nase und Lippen, für Hände und Hüften und Brüste.*

Ohne Scheu, Seite an Seite, schläft der Jäger neben der Toten, vor der er doch erst in panischer Angst davongelaufen war. Und schlafend und träumend weint er eine helle Träne. Das Märchen verrät uns seinen Traum nicht, wie es uns fast nie in eine der handelnden Gestalten hineinschauen lässt, aber es liegt nahe, dass er die Träne dem ums Leben gebrachten Mädchen nachweint. Und diese Träne bewegt das Mädchen, ihr Lebensdurst treibt sie zu dem Jäger.

Für mich ist das das schönste und tiefste Bild in dem Märchen: „Sie trinkt die Träne, trinkt und trinkt, als wollte sie den Durst eines ganzen Lebens löschen." – „Wenn ich tot bin", sagte mir einmal eine so vornehme wie verbitterte alte Dame, „dann weint mir sowieso niemand eine Träne nach!" Und ich dachte nur: Wie traurig muss es sein, in diesem Gefühl zu leben. Im Leben wie im Märchen bringen Tränen oft eine Lösung, manchmal gar eine Erlösung. Meist sind es die eigenen Tränen, die Hilfe herbeibringen, hier in diesem Märchen kommt ein Mensch wieder zu sich durch die Tränen, die Trauer, das Mitgefühl eines anderen.

Kein Mensch kann das zerbrochene Leben eines anderen ganz allein und „von außen“ wieder zusammenfügen, mit dieser Erwartung würde jeder, der Trauernde begleitet, sich überfordern. Aber Lied und Träne des Jägers und sein mitfühlendes Herz, in dem das Leben pulst, geben der Skelettfrau die Kraft, das eigene Leben mit einem eigenen Lied wieder zusammenzusingen und so wieder ganz und lebendig zu werden. Ähnlich verhält es sich wohl auch mit den Trauergestalten in uns: Vernunft und Wille allein können nicht erreichen und erlösen, was im Dunkeln unseres Unbewussten liegt, aber trauernde Aufmerksamkeit und eine Geduld, die Tränen nachweint, mögen auch in uns ungeahnte Selbstheilungskräfte wecken.

*Dann singt sie dem Jäger die Kleider vom Leib und sie kriecht zu ihm unter die Felle. Sie gibt ihm die Herztrommel zurück, sie schmiegt sich an ihn, Haut an Haut. So erwachen die beiden, eng umschlungen, fest aneinandergeklammert.*

*Die Inuit erzählen, die beiden hätten von da an nie mehr Mangel gelitten. Die Tiere des Meeres, die Freunde der Frau, hätten sie beschützt und genährt. Ja, das erzählen die Inuit.*

Als ich vor vielen Jahren das Märchen zum ersten Mal hörte, da ließ mich bis zum Ende die Furcht nicht los, die Skelettfrau könnte sich als Vampir entpuppen und die Lebenskräfte des Jägers aussaugen. Denn auch solche Geschichten gibt es überall auf der Welt, auch solche Geschichten schreibt das Leben. Es kommt vor, dass ein Mensch die Zuneigung und Freundlichkeit eines anderen hemmungslos ausbeutet und ihn dann fallen lässt; es kommt auch vor, dass ein Draug einen Menschen von innen aussaugt und all seine Energie, all sein Lebenswasser aufsaugt.

Doch als die Skelettfrau zu dem Jäger kriecht, da war mir klar, dass diese Geschichte nicht erzählt von einem Leben auf Kosten anderer, sondern vom Sieg der Liebe über den Tod und von einer wechselseitigen Erlösung.

Denn wie im „Turm zu den Sternen“ und in vielen anderen Märchen und in den kühnen Spekulationen der Mystik begegnen wir auch hier „erlösungsbedürftigen Erlösern". Nicht nur die Skelettfrau braucht die Lebens-Mittel Wärme und Nähe und Respekt, auch der junge Jäger, der ganz gegen die Gewohnheit der Inuit allein durch die Eiswüsten streift, ist ein bedürftiger Mensch, ein Außenseiter, der von nun an aber eine Gefährtin hat und nie mehr Mangel leidet.

Beschützt wird das junge Paar von den Tieren des Meeres. Zuerst haben die Fische der Skelettfrau das Fleisch von den Knochen gefressen, dann steckt sich die Skelettfrau getrocknete Fische in den Mund, endlich werden die Tiere des Meeres ihre Freunde, ihre Beschützer und Ernährer genannt. Ist das nur ein Hinweis auf den ewigen Kreislauf von Werden und Vergehen, Geben und Nehmen? Für mich klingt darin noch eine andere Erfahrung mit, die alle Liebenden und Geliebten machen können: Die Welt mag uns manchmal wie ein Abgrund erscheinen und das Leben nagt an uns und droht uns zu verschlingen. Aber die Liebe auch nur eines Menschen kann mir die Welt verwandeln in einen Lebensraum, in dem ich Wärme und Licht entdecke und einen guten Grund, der mich trägt und mir gibt, was ich zum Leben brauche. Die Welt der fressenden Fische, die Welt des richtenden Vaters, die um nichts besser ist als die Welt der mörderischen Mutter, ist für die, die lieben, nicht die letzte Wirklichkeit. „Und wer in der Liebe wohnt, der wohnt in Gott und Gott wohnt in ihm" (1. Johannes 4,16b).

Dieser Sprung zu Gott mag als ebenso voreiliger wie überflüssiger frommer Schlenker zum Schluss erscheinen. Mit all den Märchen in diesem Buch erzähle ich von der Gottessehnsucht der Menschen. Und die Frage, wie wir uns mit unserer immer endlichen und unvollkommenen Lebensgeschichte versöhnen, ist eine Schlüsselfrage des Glaubens und des Lebens auch der Menschen, die für sich keine religiöse Perspektive finden wollen oder können.

Meine lieben Toten, meine Eltern und Freunde, konnte ich trotz aller Trauer über ihren Tod dankbar in die Hand

Gottes zurückgeben und dort ruhen lassen. Sie sind keine Draugs, sondern Freunde in der Tiefe. Aber was ist mit den Draugs und Skeletten in mir? „Deine Sünden sind dir vergeben", sagt Jesus, der Menschenfischer, der die verlorenen Seelen aus dem Meer der Traurigkeit zieht, wie es eine wunderschöne schottische Legende erzählt (vgl. Heinrich Dickerhoff, Und webte etwas, das niemals stirbt, Königsfurt 2006). Viele Lebensbrüche werden nicht verheilen, vieles kann ich nicht ungeschehen oder gar gut machen, aber als endlicher und unvollkommener Mensch bin ich unendlich angenommen und vollkommen gewollt – das glauben zu dürfen bedeutet für mich Christsein. Und darum hoffe ich, dass ich am Ende auch meine eigene Lebensgeschichte so in Gottes Frieden ruhen lassen kann wie meine Eltern.

Für meine Kinder reimte ich, als sie klein waren, ein Abendgebet, das wir jahrelang vor dem Einschlafen miteinander gesprochen haben:

*Der Tag ist vorbei mit Freuden und Mühen,*
*wir lassen ihn in Dankbarkeit ziehen*
*und legen uns nieder und legen das Ende*
*in deine Hände,*
*Gott. Amen*

Viele Jahre später fand ich einen irischen Abendsegen, der mir zeigt, wie für die, die im Himmel eine Liebeserklärung ahnen, die fressenden Fische zu Freunden werden können und die mörderische Mutter zur guten Erde, die am Ende kein Schlachtfeld voller Leichen ist, sondern ein wirklicher Fried-Hof:

*Den Segen der Erde, der guten reichen Erde,*
*den wünsche ich euch.*
*Dass die Erde uns weich sei,*
*wenn wir auf ihr ruhen müde am Ende des Tages,*
*und dass die Erde uns leicht sei,*
*wenn sie auf uns ruht am Ende des Lebens.*

*Dass wir sie schnell abschütteln können*
*und auf und davon auf unserem Weg zu Gott.*

„Erhalte du das Werk unserer Hände", sagt der Beter im Psalm 90. Bewahre du, was gut war; entsorge du die Altlasten, die ich nicht mehr aus der Welt schaffen kann; vergib du, wo andere, wo ich selbst mir nicht vergeben kann. Und weine mir, Gott, eine Träne nach!

## 6. Kapitel

## Der Spiegel, der ins Jenseits führt
oder:
## Was ist am Ende stärker – die Liebe oder der Tod?

Wir müssen leben mit einer wachsenden Vergangenheit, einer Geschichte, deren Last wir oft nicht abschütteln können. Aber das ist nur die eine Seite des Vergangenen. Wir erfahren auch, dass wir immer wieder Abschied nehmen müssen von Menschen und Lebensmöglichkeiten, die uns lieb und kostbar sind, die vergehen, so wie auch unser Leben Tag für Tag vergeht. Die Draugs möchten wir hinter uns lassen oder begraben, aber die „Toten auf dem Land", die Lieben, die in Frieden ruhen, und die „guten alten Zeiten" wünschen wir uns doch zurück als lebendig und nah. So wie wir dem, was dunkel und schwer auf unserem Leben liegt, nicht einfach entkommen können, so können wir das, was licht und schön war, nicht festhalten. Damit sind wir nicht nur bei der rückschauenden Frage nach dem, was unser Leben war, sondern auch bei der vorwärtsgewandten Sorge, was denn wohl bleiben möge.

Drei große Erfahrungen erscheinen den Menschen seit Urzeiten wie ein Schlüssel zum Verständnis der Wirklichkeit: Liebe, Macht und Tod. Macht ist in den Märchen selten ein Thema, Allmachtsfantasien und ihr endliches Scheitern sind eher das Thema der Heldensagen. Diese erzählen von „großen Männern", die den Drachen besiegen und den Feind, sie siegen und siegen und siegen sich doch zu Tode. Über allen heroischen Lebensmodellen liegt tiefe Tragik. Das ist ja auch ganz realistisch, denn wer meint, nur Sieg und Erfolg gäben seinem Leben Sinn, wird wahrscheinlich tragisch scheitern. Kein Leben ist eine reine Erfolgsgeschichte und aus Politik wie Wirtschaft kennen wir die Beispiele sehr erfolgreicher „Macher", die am Ende ihr Leben nach einer Niederlage weggeworfen haben, ohne

Fallschirm aus dem Flugzeug gesprungen sind oder sich vor einen Zug geworfen haben. Das Unglück der großen Männer ist in den meisten Heldensagen zudem die Frau, die sie gewollt oder ungewollt ruiniert: Samson und Herkules, Siegfried und Artus scheitern weniger am äußeren Feind als an den ihnen nahen Frauen. Auch das hat seine eigene Logik: Wer nur auf Stärke setzt, muss alles, was ihn schwach macht – wie die Frauen – fürchten und verteufeln.

Märchen hingegen erzählen eher aus der Sicht der „Kleinen". Selbst wenn es Königssöhne sind, sind sie die jüngsten oder in einer schwierigen Situation und auf Hilfe angewiesen. Die „Helden" der Märchen sind ebenso oft weiblich wie männlich. In den Zaubermärchen ist es kaum einmal Macht, die Rettung und Erlösung bewirkt, und anders als in den schwankhaften Geschichten auch selten List. Rettung und Erlösung folgen aus Aufmerksamkeit und Geduld, vor allem aber aus der Liebe.

Die große Gegenmacht der Liebe ist der Tod. Der Tod steht nicht nur für den biologischen Exitus, sondern – wie in den Psalmen – für das Gefühl: Alles ist aus!

Du bist für mich gestorben. Gegen dieses Todesurteil erklärt jede Liebe: Es muss dich unbedingt geben! Natürlich ist das nicht logisch und doch mag diese Empfindung dem Liebenden gewisser sein als der Satz des Pythagoras. Liebe will nicht enden. Natürlich kann die Liebe zerbrechen, aber wer sich neu tief verliebt hat, der kann gar nicht denken: Ich möchte sie oder ihn zwei oder drei Monate lieben – selbst wenn er weiß, dass diese Liebe ganz und gar unvernünftig und unmöglich ist. Und so wie keine Elternliebe mit der Volljährigkeit des Kindes endet, so endet Liebe auch nicht mit dem Tod derer, die uns lieb sind. Wir wollen sie nicht abschreiben, wir trauern – auch wenn wir sie nicht mehr im Auge behalten können, behalten sie doch lieb und in Erinnerung, vielleicht bis in unsere Träume hinein.

Liebe und Tod stehen gegeneinander im Streit um die letzte Wahrheit, denn wir können nicht beiden glauben.

Trau deiner Sehnsucht mehr als deiner Verzweiflung, flüstern uns die Märchen zu, trau deinen guten Wünschen, trau dem „Glück der Hoffnung auf Glück" (Erich Fried). Das schönste mir bekannte Märchen über diesen Zusammenhang von Trauer, Lebensmut und Neuanfang stelle ich hier vor:

*Der Spiegel, der ins Jenseits führt*

*Da war einmal ein junges Paar, sie liebten sich sehr, doch kurz nach der Hochzeit wurde der Mann sehr krank und nach wenigen Tagen starb er. Die junge Frau war außer sich vor Schmerz, sie weinte und klagte: „Warum hat er mich verlassen? Ach, hätte ich doch nur ein Kind von ihm! Dann wäre alles leichter zu ertragen. Dann wüsste ich, wofür ich lebe. Aber so wär' ich lieber tot."*

*Nun lebte in ihrem Haus auch die alte Amme der Frau, das junge Paar hatte sie bei sich aufgenommen. Die Alte nahm die weinende Witwe beiseite. „Luisa, mein Kind", sagte sie, „es tut mir weh, dich so leiden zu sehen. Vielleicht kann ich dir helfen. Ich sage nur: vielleicht, denn ich bin mir nicht sicher. Aber in meiner Heimat erzählen die Leute sich Folgendes: Wer um einen lieben Toten trauert und sich danach sehnt, ihn wiederzusehen, der soll sich in einer Vollmondnacht vor einen großen Spiegel stellen, eine brennende Kerze in der linken Hand – dann wird er im Spiegel den sehen, um den er weint. Und die Leute sagen auch, man könne durch den Spiegel hinübergehen zu dem lieben Toten. Ob man aber auch wieder zurückkehren kann oder für immer auf der anderen Seite bleiben muss, das weiß ich nicht."*

*„Ach, das wäre mir ganz gleich", rief Luisa, „ich habe doch nichts zu verlieren, so allein will ich nicht länger leben. Kann ich nicht zu ihm, dann gehe ich ins Kloster!"*

*So ist sie in der nächsten Vollmondnacht bis Mitternacht aufgeblieben, hat eine Kerze angezündet, in die linke Hand genommen und sich vor den großen Spiegel im Salon gestellt. Dann wartet sie und starrt und starrt auf das glänzende Glas, aber sie sieht nichts als nur ihr Spiegelbild. Doch dann bewegt sich etwas im*

Spiegel, eine Tür geht auf, rasch schaut Luisa über ihre Schulter, nein, die Tür zum Salon ist zu – hinten im Spiegel hat sich eine Tür geöffnet, ein Mann tritt ein in das Spiegelbild. Luisa geht ganz nah an den Spiegel heran und sie erkennt, es ist ihr Mann.

„Luisa, Liebste", hört sie seine Stimme, leise, aber gut zu verstehen, „ich kann nicht hinüber zu dir, aber du kannst zu mir, wenn du willst."

„O ja, ich will", flüstert Luisa, „aber wie? Was muss ich tun, Liebster?"

„Gib mir deine Kerze. Dann schließe die Augen und gehe geradeaus durch den Spiegel hindurch."

Luisa presst ihre Linke mit der Kerze gegen das Spiegelglas und schließt die Augen, ihr ist, als fühlt sie seine Finger auf ihrer Hand, sie lässt die Kerze los, doch sie hört die Kerze nicht zu Boden fallen. Noch einmal holt sie tief Luft, dann macht sie einen großen Schritt geradeaus, sie spürt keinen Widerstand, nur einen leisen kalten Hauch, noch einem Schritt weiter, dann nimmt sie jemand in die Arme und küsst sie: „Luisa, Liebste, schau mich an!" Luisa öffnet die Augen und schaut ihrem Mann ins Gesicht. Lange stehen sie so, dann nimmt er sie bei der Hand und geht mit ihr aus dem Zimmer. Luisa schaut nicht zurück, sie gehen durch einen langen dunklen Gang, dann wieder durch eine Tür hinaus in einen großen dämmerigen Park, durch den dunklen Garten bis zu einem stillen Bach, über eine schmale Brücke zu einem kleinen Haus. Dort wohnt er.

Luisa bleibt bei ihm, sie weiß nicht, wie lange, sie kann die Tage nicht zählen. Manchmal kommt ihr alles wie ein Traum vor und doch spürt sie: Nein, es ist wirklich wahr. Und später konnte sie alles in dem Haus genau beschreiben, die Zimmer, die Möbel, das Essen – nur an die Gesichter der Diener konnte sie sich nicht erinnern, so sehr sie es auch versuchte. Eines Tages merkt sie, dass sie schwanger ist. Am Abend erzählt sie es ihrem Mann: „Liebster, ich bekomme ein Kind!" Der schaut sie lange an. „Das ist gut", sagt er endlich, „aber nun wird es Zeit für dich, zurückzukehren in unser altes Haus. Denn hier können keine Kinder geboren werden." – „Kannst du nicht mit mir kommen?", hat Luisa gefragt. „Ein Stück kann ich dich begleiten, doch nicht *bis ganz hinüber. Aber sei nicht traurig. Nun werde ich dir ja immer nahe sein."*

*Dann nimmt er sie bei der Hand und geht mit ihr aus dem Haus, über die Brücke durch den Park bis zu dem langen dunklen Gang. Dort zündet er eine Kerze an und dann umarmt und küsst er Luisa ein letztes Mal. „Nun schließe die Augen", sagt er dann, „und dann geh sieben Schritte geradeaus. Auf Wiedersehen. Und Gott behüte dich!"*

*Luisa schließt die Augen und geht, einen Schritt, noch einen, drei, vier, fünf, sechs, sieben. Dann macht sie die Augen auf – sie ist wieder im Salon ihres alten Hauses. Sie schaut zurück, im Spiegel sieht sie ihren Mann, die Kerze in der linken Hand. Er winkt ihr noch einmal zu, dann dreht er sich langsam um und verschwindet in dem langen dunklen Gang.*

*Und da war es stockfinster im Spiegel und im Salon. Luisa tastete sich durch die Dunkelheit bis in den Flur. Da kam ihr auch schon eine Dienerin entgegen: „Herrin", hat die gerufen, „seid Ihr endlich zurück von Eurer Reise?! Aber warum mitten in der Nacht? Und wo seid Ihr nur so lange gewesen?" – „Ich war bei meinem lieben Mann", hat Luisa gesagt, aber die Dienerin hat sie nur so seltsam angesehen und geschwiegen.*

*Am nächsten Morgen stellte Luisa fest, dass sie drei Monate fort gewesen war. Dann hat sie ihrer alten Amme alles erzählt. „Es ist also wirklich wahr", hat die gesagt. „Aber warum bist du zurückgekommen?" – „Weil ich ein Kind erwarte." – „Ja", sagte die Alte, „daran habe ich nicht gedacht. Das Leben geht weiter."*

*Gut ein Jahr nach dem Tod ihres Mannes hat Luisa einen gesunden Jungen geboren. Es muss viel Gerede darum gegeben haben, doch irgendwie hat sie es geschafft, dass das Kind als Sohn ihres verstorbenen Ehemannes anerkannt wurde.*

In mancher Hinsicht entspricht der Aufbau dieses argentinischen Märchens nicht ganz dem Stil klassischer Volksmärchen und doch ist es ein echtes Märchen: bildhaft, wunder-voll, die Figuren sind typisch, nicht konkret, und das Ende ist gut und glücklich, wenn auch nicht so ungetrübt wie beim „Turm zu den Sternen". Auch wenn diese

Fassung nicht sehr alt sein dürfte – sein Bühnenbild ist das der großbürgerlichen Lebenswelt des 19. Jahrhunderts –, so ist das Grundmotiv uralt und in zahllosen Varianten als Mythos und Märchen ausgestaltet. Die vielleicht bekannteste, wenn auch ganz anderes verlaufende Variante ist die von Orpheus und Eurydike. Immer und überall haben Menschen erzählt von Jenseitsreisen, unternommen, um einen geliebten Menschen aus dem Totenreich zurückzugewinnen. In unserem „neuzeitlichen" Märchen ist ein Spiegel das Tor ins Jenseits; in Geschichten aus älteren Zeiten, als es noch keine Spiegel an den Wänden gab, wurde stattdessen von einer anderen natürlichen Spiegelfläche erzählt, dem Wasserspiegel. Denn oft geht die Jenseitsreise über das Meer – wie in den vielen keltischen Erzählungen von der Reise in die Anderswelt – oder – wie im Märchen Frau Holle – durch den Brunnen. Auch die neutestamentlichen Geschichten von Seesturm und Seewandel Jesu erzählen nicht von Bootsfahrten auf dem See Genezareth, sondern von Reisen ans andere Ufer der Wirklichkeit.

Märchen sind eine kleine, karge und sehr geraffte Erzählform. Auch dieses Märchen nimmt uns in einem Satz mit aus dem Himmel in die Hölle, aus dem Glück einer großen Liebe in die Einsamkeit und Verzweiflung einer trostlosen jungen Witwe. Aber die Heldin begehrt gegen ihre Trostlosigkeit auf, sie sehnt sich nach einem Kind. In allen symbolischen Geschichten ist das Kind ja ein Bild der Zukunft. Wenn im Märchen geweint wird, ist die Hilfe meist nicht fern; hier ist es die Amme, die alte Kinderfrau, die als Helferin auftritt. Sie ist wie eine lebendige Erinnerung an die Geborgenheit der Kindheit und wie so oft im Märchen lohnt sich die Güte; dass Luisa ihre alte Kinderfrau bei sich aufgenommen und ihr ein Zuhause für die alten Tage gegeben hat, das wird nun zum Segen für sie selbst. Denn die Amme kann ihr einen Rat geben, den sie jedoch auch nur vom Hörensagen kennt, von den „Leuten aus meiner Heimat". Freilich, und auch darin ist die Amme typisch für die guten Helfergestalten der Märchen, gibt sie Luisa einen Rat, aber sie übernimmt nicht ihre Aufgabe und verschweigt auch nicht das Risiko. Doch mit dem Mut der Verzweiflung und weil sie nichts zu verlieren hat, folgt Luisa dem Rat und macht sich auf die Suche nach dem Liebsten. Ihre Suchwanderung beginnt vor dem Spiegel, beginnt als Reflexion.

Märchen sind immer reine Bildgeschichten und oft frage ich nach dem Erzählen eines Märchens in die Runde, welches Bild die Zuhörer nun dazu vor Augen haben. Bei diesem Märchen erinnern sich die Zuhörer fast immer nur an ein Bild: die Frau vor dem Spiegel. Für mich ist es zu einem Schlüsselbild geworden für das richtige Trauern.

Vor Jahren war ich eingeladen in einen Kreis von Eltern, die ein Kind verloren hatten; keiner aus der Gruppe hatte sich je mit Märchen beschäftigt oder war „literarisch vorgebildet". Ich erzählte das Märchen vom Spiegel, der ins Jenseits führt, in dem es ja gar nicht um den Tod eines Kindes geht. Aber in der Runde sagten dann alle Eltern: Ja, genau so war es bei uns. Und jeder erzählte eine andere Geschichte, von am plötzlichen Kindstod gestorbenen Kleinkindern oder tödlich verunglückten erwachsenen Söhnen. Keine Erzählung hatte äußerlich Ähnlichkeit mit dem Märchen, aber alle hatten im Spiegel des Märchens ihre Geschichte wiedererkannt. Eine Bäuerin aus der Runde, sie hatte in einem Jahr zwei ihrer drei Söhne bei Autounfällen verloren, sagte: „Wenn man trauert, ist es, als ob man vor einem Spiegel steht. Erst sieht man nur sich selbst und tut sich leid. Aber manchmal kommt man da durch auf die andere Seite und kann dort etwas finden und mit zurückbringen, was einen weiterleben lässt!" Ich wüsste nicht, wie ich einen geglückten „Trauerprozess" besser beschreiben sollte.

Auch wenn ich nicht für Trauernde erzähle, sondern für Menschen, die Trauernde begleiten, spreche ich gern über dieses Märchen. Denn ich entdecke in ihm zwei gute Trauerbegleiter: die Amme, die Wege weist, aber nicht abnimmt, und vor allem den Spiegel. Ich selbst kann für Menschen, die mir ihr Leid klagen, oft nicht mehr sein als ein Spiegel: Ich kann ihre Situation nicht ändern, den Schmerz nicht nehmen, aber meine Aufmerksamkeit mag wie eine Reflexionsfläche sein, die ihnen hilft, selbst ihre Situation anzuschauen und vielleicht ein wenig auch zu durchschauen. Alles, was hinter dem Spiegel liegt, Mann und Kind, kann ich ihnen nicht sein und als Trauerbegleiter würden wir uns hoffnungslos überfordern mit einem solchen Anspruch. Der seltsame Satz, dass Luisa sich „hinterher" wohl an Lebensräume und Lebensmittel erinnern kann, nicht aber an die Gesichter der Diener, die dafür gesorgt haben, erinnert mich daran, dass unsere Gesichter nicht so wichtig sind, eben nur ein Spiegel, der hilft, dass die Trauernden zu sich selbst finden.

Luisa findet eine Antwort, findet sich und ihre Zukunft. Sie gewinnt nicht ihren Mann zurück, aber sie trägt ihn in seinem Kind in und unter ihrem Herzen zurück in die Alltagswelt und sie ist stark genug, diesem neuen Lebenssinn Anerkennung zu verschaffen. Luisa gelingt, woran Orpheus scheitert. Mir als Mann erscheint das wie ein Hinweis auf die große Stärke der Frauen gerade da, wo nichts mehr „zu machen" ist. Orpheus wünscht die Vergangenheit zurück – und scheitert; Luisa will „nur", dass aus der Vergangenheit etwas lebendig bleibt für die Zukunft – und erreicht ihr Ziel.

Das berühmteste Märchenbuch der Welt, das der Brüder Grimm, beginnt mit den Worten „In den alten Zeiten, wo das Wünschen noch geholfen hat ..." Wünsche helfen allerdings nur dann, wenn sie nicht nur gewünscht werden, sondern Menschen auch bewegen, ihrem Wunsch zu folgen oder seiner Erfüllung entgegenzugehen – das ist fast immer so im Märchen, im Leben und auch in der Bibel. „Was willst du, dass ich dir tue", fragt Jesus den blinden Bartimäus, der seinen Wunsch laut in die Welt hinausschreit.

Märchen sind Wunschgeschichten, aber sie sind mehr als „Projektion", als Vorspiegelung falscher Tatsachen, Illusion, Selbstbetrug. Der Wissenschaftler, in dessen Sammlung von Märchen aus Argentinien und Paraguay ich das Märchen vom Spiegel, der ins Jenseits führt, gefunden habe, sah die Geschichte ganz anders als die trauernden Eltern aus der Selbsthilfegruppe. Für ihn ist das Märchen nur ein Beleg für den abstrusen Aberglauben in weiten Teilen der Bevölkerung Lateinamerikas. Jeder aufgeklärte Mitteleuropäer kennt die Theorie Anselm Feuerbachs, nach der Menschen ihre Wunschvorstellungen und Sehnsüchte an den Himmel werfen. All ihre Wunschträume, ob religiös oder märchenhaft, sind nur Einbildung, die vielleicht tröstet und stabilisiert, aber von den Vernünftigen und Kritischen doch durchschaut wird als das, was sie wirklich ist: nichts als Opium, ein Rausch- und Beruhigungsmittel für die vom Leben gequälten Seelen. Die Toten sind tot, die Vergangenheit ist vergangen, was in mir ist, ist nur in mir, subjektive Empfindung, nicht objektive Realität. Nichts und niemand wohnt und wartet hinter dem Spiegel.

Dieser „aufgeklärte" Vorwurf richtet sich nicht nur gegen die Märchen, sondern vor allem gegen jede Religion, die ja mit einem ganz anderen Wahrheitsanspruch auftritt als das Märchen. Zwar verdichtet sich für mich die Grundbotschaft der Märchen in dem Satz: „Trau deiner Sehnsucht mehr als deiner Verzweiflung", aber von dieser Lebensperspektive erzählen die Märchen ganz bescheiden, unpathetisch und undogmatisch. Sie machen sich klein, wenn es um die großen Wahrheiten geht, und betreiben „Understatement". Darum stelle ich mich dem Verdacht der Vorspiegelung falschen Bewusstseins noch einmal mit einer ausdrücklich religiösen Deutung des Märchens (die selbstverständlich keineswegs zwingend ist).

Die Anderswelten der Märchen, ihr Jenseits unserer Horizonte, ist nicht der Himmel der Religionen oder das Reich Gottes, aber es gibt doch Ähnlichkeiten. Da ist neben dem uns vertrauten Alltagsleben eine andere Lebensmöglichkeit, so erzählen es alle Jenseits-Geschichten. Nie geht es nur um das Jenseits des Todes, vielmehr scheint in den Anderswelten mit den Gesetzen der Schwerkraft auch die saubere Trennung von Leben und Tod aufgehoben. So liegt zumindest eine Ahnung von Himmel in jenen Welten hinter den Meeren und Spiegeln.

Wo und wie aber ist diese Anderswelt? Wo wohnt Luisas Mann? Wo ist er nun zu Hause? Wo sind meine Mutter und mein Vater, die schon gestorben sind? Wo bleibt mein Leben aufbewahrt? Lebt all das nur weiter in meinem Gedächtnis und solange ich daran denken kann? Oder ist mein Gedenken nur mein Spiegel, den ich durchschreiten und hinter mir lassen muss, um die Anderswelt zu erahnen?

Als Christ glaube ich, dass hinter dem Spiegel unseres Bewusstseins eine Wirklichkeit wohnt und wartet, für die uns Menschen die Worte und Vorstellungen fehlen, denn „Gott" und „Himmel" sind eher hilflose Andeutungen als eindeutige Bestimmungen, sind Worte, die eher zur Verehrung als zur Erklärung dienen. Jede Aussage eines Menschen über Gott ist zunächst einmal eine Selbstaussage, jedes Bild vom Himmel spiegelt ein Bild der Erde. Natürlich ist jede Aussage über ein Jenseits unserer Wirklichkeit eine Projektion und Reflexion aus dem uns zugänglichen und vertrauten Diesseits. Aber was ist, wenn wir Menschen unsere Sehnsüchte und Träume nicht einfach nur spiegeln im Himmel, sondern wenn wir der Spiegel sind, wenn sich in unseren tiefsten Träumen und Sehnsüchten der Himmel spiegelt? So versteht es die biblische Schöpfungsgeschichte, wenn sie den Menschen geschaffen und entworfen sieht nach dem oder besser zum Bild Gottes, so hat es die christliche Mystik immer wieder vertiefend betrachtet. Kann es sein, dass wir nicht Urbild sind, sondern Abbild?

Die modernen Evolutionstheorien zeigen, dass jede Lebensform diesen Spiegelcharakter und eine ihr vorgegebene Wirklichkeit abbildet. „Die Flosse des Fisches", sagte der große Verhaltensforscher Konrad Lorenz zugespitzt, „ist die Antwort auf das Meer." Der Lebensraum Wasser provozierte die Lebensform Fisch und als viele Millionen Jahre später Säugetiere heimkehrten in dieses Urelement, da fanden sie als Wal oder Robbe zurück zu dieser Flossenform, natürlich nicht als bewusste Denkleistung, aber vielleicht, wie Ergebnisse der neueren Genforschung nahelegen, auch nicht nur im blinden Spiel zufälliger Mutationen. Und so wie die Flossen der Meerestiere auf das Wasser antworten, so antworten die Beine der Landbewohner auf den Erdboden, so antworten unsere Augen auf die Sonne.

Unsere Augen sind eine interessante Vergleichserfahrung. Aufgeklärt-kritisch könnte man argwöhnen, es gäbe gar keine Sonne, vielmehr bildeten wir Menschen uns ein solches Himmelslicht ein aus lauter Angst vor der Dunkelheit. Man brauche nur die Augen zu schließen, schon sei die Sonne verschwunden, ihre Existenz sei also nur Folge unserer Betrachtung. Natürlich behauptet niemand so etwas; es ist jedem klar, dass die Sonne ihre Existenz nicht unseren Augen verdankt, selbst wenn wir das so erleben mögen, sondern unsere Augen sind eine Antwort auf das Sonnenlicht – und nur, weil unser Auge sonnenhaft ist, wie Goethe meinte, kann es die Sonne erblicken. Es ist auch nicht die Angst vor der Dunkelheit, die die Menschen an eine eingebildete Sonne glauben lässt, sondern weil wir ganz buchstäblich Sonnenkinder sind, Lebewesen des Tages, darum fürchten wir die fremde Finsternis.

Von den Augen zu einem noch größeren Wunderwerk im Menschen, dem Bewusstsein: Worauf antwortet dieses menschliche Bewusstsein, das über alle Grenzen hinausfragt, das nach Sinn hungert? Und worauf antwortet unser Bedürfnis nach Liebe, die nicht endet? Dass wir Menschen einen geradezu grenzenlosen Sinn- und Liebesbedarf haben, kann man kaum bestreiten. Aber auf welche Wirklichkeit bezieht sich dieses Bedürfnis, diese Sehnsucht? Zwar ist denkbar, dass das Leben absurd ist und wir auf Unglück programmiert sind, gequält von Fragen, auf die es keine Antwort gibt, und geschlagen mit einer Sehnsucht, die immer ins Leere laufen muss. Aber dann wäre gerade das, was unser Menschsein ausmacht, Irr-Sinn, dann wäre es der einzig grundlose „Hunger" in der Welt. Denn dass wir nach Sauerstoff „hungern", ist ein schlagender Beweis für die Existenz von Sauerstoff, ohne den wir nicht leben könnten, ja, er ist die Voraussetzung für nach Sauerstoff „hungernde" Lebewesen. Und dass wir Nahrung brauchen, beweist, dass es Nahrung geben muss – leider nicht immer und ausreichend für jeden Einzelnen, aber grundsätzlich. Sollte der Hunger nach Sinn und Liebe so anders geartet sein als alle anderen Bedürfnisse in der Welt?

Gott lässt sich nicht beweisen; aber darauf zu vertrauen, dass unsere Sehnsucht nach tragendem Sinn und bleibender Liebe ebenso auf eine Wirklichkeit antwortet wie die Flosse des Fisches auf das Wasser, ist nicht unvernünftiger, als ständig eine grundsätzliche Absurdität des Daseins hochzuhalten, die kein Mensch praktisch leben kann. Dass wir diese „jenseitige" Wirklichkeit so wenig erfassen können wie der Fisch das Meer, wussten schon die Menschen biblischer Zeiten, wenn sie uns überlieferten, Gott sei größer als unser Herz.

Nicht Gott ist eine Projektion des Menschen, meinte mit Meister Eckart die christliche Mystik, sondern der Mensch ist eine Projektion Gottes; nicht wir bilden uns Gott ein, sondern er hat sich uns ein-gebildet, nicht unserer äußeren Gestalt, auch nicht einfach unserem kritischen Bewusstsein, sondern unserer Sehnsucht und unserer Fähigkeit zur Liebe nach: „Gott ist die Liebe, und wer in der Liebe wohnt, der wohnt in Gott und Gott wohnt in ihm" (1. Johannes 4,16b). Nie verstehen wir mehr von der unfassbaren Wahrheit Gottes als dann, wenn wir lieben – wie Luisa, die den Tod nicht hinnimmt und den geliebten Toten nicht vergessen will.

„Wir werden ihn nie vergessen", steht unter manchen Todesanzeigen. Aber natürlich vergessen wir, so wie wir in dieser Welt vergessen werden. In längstens hundert Jahren weiß kein Mensch mehr von mir – ich habe jedenfalls noch keinen Menschen getroffen, der sich an seine acht Urgroßeltern erinnern konnte, die vor etwa hundert Jahren gelebt haben. Aber dass wir die, die wir lieben, nicht vergessen wollen, ist ein Spiegel, in dem uns aufgehen mag, dass da mehr Liebe ist als die, die ich geben kann, und dass hinter dem Spiegel unserer Sehnsucht kein wüstes, leeres Land liegt, sondern dass uns dort jemand eine Wohnung bereitet hat, dass uns dort jemand erwartet, nein, dass uns alle erwarten, denen wir in Liebe verbunden sind, und dass sie uns immer schon nahe sind, auch hier, diesseits des dunklen Spiegels.

So schlicht wie feierlich und beschwörend hat Heinrich Böll das für seine Enkelin verdichtet:

*Für Samay*
*(1985)*

*Wir kommen weit her*
*liebes Kind*
*und müssen weit gehen*
*keine Angst*
*alle sind bei Dir*
*die vor Dir waren*
*Deine Mutter, Dein Vater*
*und alle, die vor ihnen waren*
*weit weit zurück*
*alle sind bei Dir*
*keine Angst*
*wir kommen weit her*
*und müssen weit gehen*
*liebes Kind*

*Dein Großvater*
*8. Mai 1985*

Eine der Grundfrage des Lebens, des Glaubens und vieler Märchen ist, ob uns die Altlasten und Abschiede unseres Lebens nur niederdrücken und entmutigen oder ob wir all das, was uns belastet, in Frieden ruhen lassen können und ob das, was uns lieb ist, bewahrt und aufgehoben ist. Das Evangelium wie die Märchen glauben daran: Die Märchen sprechen in dunklen Bildern von dieser Hoffnung, das Evangelium vertraut diese Hoffnung Gott an, der all unsere Bilder sprengt. Wenn ich anderen sehr behutsam von dieser Hoffnung erzähle, muss ich das tun wie Luisas Amme: Mit einem „Vielleicht kann ich dir helfen“ kann ich sprechen nicht von dem, was ich „weiß“, sondern von dem, was die „Leute aus meiner Heimat“ erzählt und gehofft haben, die „vor uns waren weit weit zurück“, deren Lebenssicht und -erfahrung die Bibel, die Traditionen der Kirche und auch die Volksmärchen geprägt haben.

Das Märchen vom Spiegel spricht aber auch das andere große Märchen- und Menschenthema an, das Wagnis des eigenen Weges. In vielen Märchen ist dieser Weg nicht nur ein Gang in die Fremde, sondern eine Suche nach der verlorenen Liebe, dem verlorenen Geliebten. Auch dies ist nicht nur eine zwischenmenschliche Erfahrung, sondern ebenso eine spirituelle. So möchte ich dem Märchen von Luisas Suche nach dem Geliebten einen biblischen Schwestertext an die Seite stellen, in dem es allerdings gar nicht mehr um die Frage nach bewältigter oder bewahrter Vergangenheit geht. Es sind zwei Lieder aus dem alttestamentlichen Hohenlied oder „Lied der Lieder“, einer Sammlung von Liebesliedern, die in die Heilige Schrift Israels aufgenommen wurde, obwohl es oft deutlich erotische Texte sind, Gott hingegen gar nicht ausdrücklich vorkommt. Die Lehrer Israels nahmen diese Lieder aber auf in die Heilige Schrift, weil sie darin einen Spiegel der Liebesgeschichte Gottes mit seinem Volk sahen. So ähnlich hat das auch die christliche Mystik gesehen, sie erkannte darin die Liebe zwischen Christus und der Seele. Doch die erotisch-wörtliche und die mystische Deutung schließen sich nicht aus, sondern ein, denn unsere Liebeserfahrungen sind nach christlichem Verständnis *die* Brücke zur Wahrnehmung Gottes.

Bemerkenswerterweise ist das Hohelied die einzige biblische Schrift, die teilweise aus weiblicher Lebenssicht stammt, in der wir die Stimme biblischer Frauen im Originalton hören und nicht nur als männliches Zitat. Auch die beiden Lieder, die ich hier betrachten möchte, sind Frauenlieder wie das schöne niederdeutsche „Dat du mien Levsten büst".

Die Bibel kennt wie die Märchen die Sehnsucht und Suche nach Liebe und den Traum vom Glück der Erfüllung und vielleicht spricht sie nirgends schöner davon als im Hohenlied. Und doch ist die Bibel so wenig idyllische Schönfärberei wie die Märchen – beide schildern keine heile Welt. Luisas Glück steht am Ende einer Leidensgeschichte und die beiden Lieder, die ich immer zusammenlese, sprechen vom ganzen Leben, von Scheitern und Gelingen. Wären die beiden Lieder die erste und zweite Strophe eines Gesangs, so erzählten sie mit ganz ähnlichen Bildern, aber einer geradezu entgegengesetzten Botschaft ein biblisches Märchen. In einem Volksmärchen wäre das folgende Lied aus dem 5. Kapitel die Geschichte der älteren Schwester oder der erste gescheiterte Versuch der Heldin – wenn wir es mit dem Märchen von Spiegel vergleichen, so wäre dies Luisas Geschichte bis zu dem Zeitpunkt, als ihre verzweifelten Tränen den Rat der alten Amme provozieren.

5,2 *Ich schlafe, doch mein Herz ist wach:*
*Horch! Mein Geliebter. Er klopft!*
*„Mach mir auf, meine Schwester, meine Freundin. Meine Taube. Meine Einzige!*
*Mein Kopf ist voll Tau, aus meinem Haar tropft die Nacht!"*
3 *„Ich habe mein Kleid schon ausgezogen, soll ich es denn wieder anziehn?*
*Die Füße habe ich gewaschen, soll ich sie mir wieder schmutzig machen?"*
4 *Mein Geliebter streckt die Hand durch die Luke*
*und mein ganzes Herz drängt hin zu ihm.*
5 *Ich stehe auf, um dem Geliebten zu öffnen.*
*Von meinen Händen tropft Myrrhe, von meinen Fingern am Riegel Myrrhenöl.*
6 *Ich mache auf, mache auf für meinen Geliebten*
*– doch mein Geliebter ist weg, verschwunden.*
*Meine Seele will vergehen! Er hat mich verlassen!*

*Ich suche ihn. Ich finde ihn nicht!*
*Ich rufe ihn. Er antwortet nicht!*
7 *Mich finden die Wächter, die die Stadt durchstreifen.*
*Sie schlagen mich, sie tun mir weh,*
*meinen Umhang nehmen sie mir weg, die Wächter der Mauern.*
8 *Ich beschwöre euch, Jerusalems Töchter,*
*findet ihr meinen Geliebten, so sagt ihm: Ich bin krank vor Liebe!*

Luisas biblische Schwester träumt, ihr Herz ist wach, während sie schläft – ich kenne keine schönere Beschreibung für das Träumen. Und dann erscheint im Traum ihr Geliebter, ob nur im und als Traum oder während des Traumes, ist nicht ganz klar. Er will jedenfalls aus Nacht und Nässe hinein zu ihr. Sie, schon bettfertig, zögert, ob sie Tür und sich wieder aufmachen soll; sie ist weit weniger entschieden als Luisa. Erst als der Geliebte die Hand durch die Türluke nach ihr ausstreckt, springt sie auf, nicht ohne noch im Vorübergehen zu den Kosmetika zu greifen. Aber als sie die Tür öffnet, ist der Geliebte verschwunden. Ist sie zu früh aus dem Traum erwacht? Oder zu spät aufgestanden?

Nun macht sie sich auf die „Suchwanderung“; aber sie findet nicht den Geliebten, sondern stößt auf die „Wächter der Mauern“. Diese behandeln sie wie eine Prostituierte, demütigen sie und stellen sie bloß und ihr bleibt nur der verzweifelte Appell an ihre Geschlechtsgenossinnen, dem Geliebten zu berichten, wie sie krank und gekränkt ist vor Liebe.

Eine unglückliche Liebesgeschichte, die wir wörtlich, aber auch spirituell auffassen können. Die „Seele“, hin- und hergerissen zwischen Trägheit, Angst und Sehnsucht macht sich schließlich auf die Suche nach dem Geliebten, aber sie gerät an das Über-Ich der Wächtergestalten, stößt an eine Mauer-Religion, die nur in und von Grenzen und Verboten lebt. Ihre Sehnsucht wird enttäuscht, sie wird bloßgestellt und gekränkt.

Nach meinem Erleben tritt „Kirche“ nicht mehr vor allem in Gestalt der „Wächter der Mauern“ auf, aber immer wieder erzählen mir suchende Menschen von dieser Erfahrung: Sie suchen den, den ihre Seele liebt, aber die „offizielle Religion“ erscheint ihnen – das mag oft ein sich selbst bestätigendes Vorurteil sein – als Hort der verordneten Anständigkeit, nicht als Ort eines ersehnten anderen Lebens, als Instanz, die Fehler nachweist und Wunden aufreißt, nicht als Heimat für die Gekränkten und Enttäuschten. Muss „Kirche“ sich ändern? Natürlich. Und immer. So wie auch ich. Aber wenn die Wächter unnahbar sind und der Spiegel undurchdringlich, so liegt das auch an denen, die auf der Suche sind. Wissen sie vielleicht nicht, wie man mit Wächtern umgehen muss? Wagen sie nicht, den Spiegel zu durchschreiten und auf die andere Seite zu treten?

Freilich bleibt eine märchenhafte Hoffnung für die, die unter Tränen krank sind vor Liebe: Wenn im Märchen ein Mensch an Ende ist mit seiner Kraft und seiner Weisheit, dann sind es oft seine Tränen, die Hilfe provozieren. Auch die Heilige Schrift Israels begründet das rettende Eingreifen des Ich-bin-da-Gottes für die Versklavten in Ägypten nicht mit ihren Verdiensten, sondern mit ihren lauten Klagen (2. Mose 3,7).

Vielleicht beschreibt das zweite Traumlied aus dem 3. Kapitel des Hohenliedes eine Alternative zum gescheiterten ersten Versuch – im Märchen würden dann zwei Schwestern handeln –, vielleicht aber eher einen zweiten Versuch, in dem die Erfahrungen des ersten Scheiterns verarbeitet sind – im Märchen wäre es dann der erneute Aufbruch der Heldin. Hier wird jedenfalls nicht nur von Sehnsucht und Suche gesungen, sondern auch von Lösung und Erlösung.

3,1 *Des Nachts auf meinem Lager suche ich ihn,*
*den meine Seele liebt.*
*Ich suche ihn – und finde ihn nicht.*
2 *So will ich aufstehn, die Stadt durchstreifen, die Plätze,*
*die Gassen, ihn suchen, den meine Seele liebt.*
*Ich suchte ihn – und ich fand ihn nicht.*
3 *Mich fanden die Wächter, die die Stadt durchstreifen.*
*„Den meine Seele liebt, habt ihr den gesehen?“*

4 *Kaum war ich an ihnen vorbei, da fand ich ihn,*
*den meine Seele liebt.*
*Ich packte ihn, ließ ihn nicht mehr los,*
*bis ich ihn ins Haus meiner Mutter brachte,*
*in die Kammer derer, die mich geboren.*
5 *Ich beschwöre euch, Jerusalems Töchter,*
*bei den Gazellen und Hirschen der Flur:*
*Stört die Liebe nicht, stört sie nicht auf,*
*bis es ihr selbst gefällt.*

Auch in diesem Lied steht am Anfang, weniger ausgemalt, die Sehnsucht nach dem, „den meine Seele liebt", die wachend oder im Traumschlaf vor allem auf dem Nachtlager spürbar wird, in der Einsamkeit, Stille und Dunkelheit – auch Luisa muss bis Mitternacht warten. Das liebende Mädchen bricht – wie ihre Schwester aus dem 5. Kapitel – auf, um den Geliebten zu suchen. Das ist sowohl eine Exodus- wie eine Auferstehungserfahrung und das Gegenteil der Hauptsünde „acedia", die sowohl Trägheit als auch Traurigkeit bedeutet, also das lebensverneinende „Da kann man nichts machen!".

Wie ihre Schwester begegnet auch das zweite Mädchen den Wächtern, aber ganz anders, nämlich mit der Frage: „Habt ihr den gesehen, den meine Seele liebt?" Sie verhält sich nicht unterwürfig, sondern nimmt die Wächter als das, was sie sind: Hilfskräfte, nie mehr als Diener der Stadt, Diener des Lebens. Sie lässt ihnen keine Macht über sich. Und kaum ist sie an ihnen vorüber, findet sie den, den ihre Seele liebt. Nun bringt sie den Geliebten ins „Haus ihrer Mutter", also ins Frauenhaus, um die Liebe ungestört genießen zu können – fernab einer „patriarchalen" Väter- und Wächter-Welt?

Offen bleibt im Text, ob die Wächter nur negativ zu sehen sind und überwundern werden mussten oder ob sie auch eine gute Seite haben und, richtig gefragt und eingeordnet, bei der Suche helfen konnten.

Spirituell oder seelisch betrachtet, ist dieses Lied ein

guter Hinweis zur Wahrnehmung und Einschätzung religiöser Ordnungen und Autoritäten. Wie der Sabbath sind sie für den Menschen da und nicht wir müssen uns vor ihnen rechtfertigen, sondern sie werden dadurch legitimiert, wenn sie etwas darüber wissen, wo wir den finden können, den unsere Seele liebt. Die ältesten wirklich ausgemalten Leitbilder aus dem 4. Jahrhundert zeigten Maria, die ihren Sohn, das neue Leben, den „drei Königen", den Repräsentanten „aller Welt", zeigt. Das ist unsere Bringschuld als Christen und die der Kirche, darüber hinaus haben wir im Grunde nichts zu sagen.

Meine eigene Lebenserfahrung mit den „Wächtern der Mauern", mit der Tradition und Autorität der Kirche ist durchaus positiv. Ich verdanke es wohl meiner rheinischen Mutter und ihrem heiteren Christentum, dass ich den Wächtern nie unterwürfig begegnet bin und auch nie erlebt (oder gemerkt?) habe, dass das erwartet wurde. Mir haben die Wächter oft weiter geholfen – und das müssen sie wie Luisas Amme und Spiegel, das ist ihre wichtigste Aufgabe. Auch ich selbst bin für andere Menschen manchmal ein Wächter, ein Hüter der Glaubenstradition, und ich hoffe, ich bin für sie wie ein Wegweiser, der etwas weiterhelfen kann auf dem Weg zu dem, den die Seele liebt. Ich will eher Luisas Amme als einem Wachtmeister gleichen, der Eintrittskarten kontrolliert und das Betreten der Rasenflächen verbietet.

Luisa kehrt zurück aus dem Spiegel-Jenseits und bringt Leben in die Welt. Das Mädchen aus dem Lied der Lieder findet Raum für ihre Liebe außerhalb aller Macht- und Herrschaftsbereiche. Beides ist mir wichtig: von hinter dem Spiegel zum Leben ermutigt zurückzukehren in die Alltagswelt und den Traum nicht aufzugeben von einer letzten Hoch-Zeit, in die mein Leben mündet. Beides wird auch im nächsten Märchen Thema sein.

*7. Kapitel*

## Lumpenkind
## *oder:*
## Drei Wege weiß die Liebe, um uns zu erlösen

Ein Märchen ist eine mutmachende, aber absichtslos erzählte Geschichte; Märchen wollen – anders als Fabeln – nicht erziehen oder belehren und – anders als Allegorien – nichts erklären und veranschaulichen. Kein Märchen ist verkappte Psychologie, Philosophie oder Theologie, so als hätten sich gelehrte Köpfe eine Geschichte ausgedacht, um die Einsicht der Wissenden auch schlichteren Gemütern näher zu bringen. Ein Märchen ist so „gewollt" wie ein Traum, es spiegelt die von Menschen erlebte Welt und was unsere „Seele" darauf antwortet, es ist keineswegs unrealistisch, aber doch ganz und gar nicht ausgedacht, sondern uns ein-gefallen, vielleicht uns ein-gebildet.

Das Märchen in diesem Kapitel ist ein echtes bild- und traumhaftes Volksmärchen. Und doch kenne ich kein anderes Volksmärchen, das so gefüllt ist mit religiösen Bildern. Gewiss haben die, die das Märchen einst erzählten und hörten, überhaupt nicht an Theologie gedacht. Aber ich kann mir und oft auch anderen an den Bildern dieses Märchens die wesentliche Botschaft des Christentums veranschaulichen. So wird erahnbar, was die zunächst ganz abstrakten, fremd gewordenen, oft vergessenen und aufgegebenen großen Erfahrungsworte des Glaubens bedeuten: Erbsünde und Erlösung, Dreifaltigkeit und Jüngstes Gericht. Keiner dieser großen Begriffe kommt in dem Märchen vor, aber die Theologie hat auf Erfahrungen und innere Bilder zurückgegriffen, die auch dieses Märchen prägen, weil sie uns Menschen eingeprägt sind.

Das Märchen gehört zu den „Aschenputtel"-Märchen, einem vor allem in Europa weit verbreiteten Märchentyp. Der „Aschenputtel" war ursprünglich der unterste Küchenjunge, der – am Ende der häuslichen Hierarchie – den Kamin auskratzen musste und deshalb ständig schmutzig war. Später wurde „Aschenputtel“ zum Beinamen für all die, die zu kurz kommen, klein gemacht werden, auf der Schattenseite leben.

Bevor ich dieses Märchen erzähle, hole ich oft einen kleinen Lederbeutel mit einem Stück Kohle aus meiner Tasche. Auf den ersten Blick erscheint dieses Stück Kohle nur als ein Klumpen Dreck, Staub und Asche. Überall auf der Welt haben Menschen sich mit Staub und Asche verglichen: „Gedenke, Mensch, dass du Staub bist und zum Staube zurückkehrst“, heißt es in meiner Kirche, wenn am Aschermittwoch, am Beginn der Fastenzeit, den Gläubigen ein Aschekreuz auf die Stirn gezeichnet wird. „Asche zu Asche, Staub zu Staub“, heißt es oft bei Beerdigungen. Und überall in Europa erzählen Märchen vom „Aschenputtel“. Wir sind Staub und Asche, unsere Vergänglichkeit ist uns wohl bewusst.

Aber unser Dasein in und als Staub und Asche ist weniger als die halbe Wahrheit. Wie kommt es denn, dass dieser schmutzige Klumpen brennt? Sich verwandeln kann in Licht und Wärme? Die Kohle brennt, weil sie im Kern nichts anderes ist als Sonnenenergie, verkleidet in schwarze Materie. Im Sonnenlicht wuchsen einst die Bäume, die dann, in Meer und Erde versunken, zur Kohle verdichtet wurden. Jenes Sonnenlicht, das einst die Bäume wachsen ließ, erwacht erneut, wenn die Kohle glüht. Auf den ersten Blick könnte nichts verschiedener sein als das ferne Feuer der Sonne und das kleine dunkle Kohlenstück. Und doch ist es nichts anderes als im Kohlenstaub gespeichertes Sonnenlicht, das aufersteht aus seinem schwarzen Kleid, wenn ein zündender Funke überspringt.

Keine Frage, ich bin Staub und Asche, ein endlicher und vergänglicher Mensch. Aber so wie die Sonne immer schon gegenwärtig ist im Kohlenstaub, so ist – erzählen die Märchen, beschwört das Evangelium, hoffe ich manchmal gegen kohlschwarze Verzweiflung – Licht immer schon gegenwärtig in unserem endlichen und vergänglichen Dasein. So wie die Kohle im Kern nichts ist als Sonnenenergie, so steckt – märchenhaft gesagt – in jedem Aschenputtel ein Königskind, sind wir Menschen im Kern „Licht vom Licht", von jenem unfassbaren Licht, auf das in christlicher Tradition der Name „Gott" verweist. Meine Staub-Existenz muss und kann ich annehmen, wenn ich darauf vertrauen kann, dass sie nicht mein ganzes Wesen ist und dass Verwandlung schon jetzt manchmal möglich und endgültig meine Bestimmung ist. Nun aber zu dem englischen Märchen vom „Lumpenkind":

### *Lumpenkind*

*In einem großen Schloss am Meer lebte ein alter Edelmann. Reich war er, aber einsam. Weder Frau noch Kinder waren ihm geblieben, nur eine kleine Enkelin. Doch der hatte er noch nie ins Gesicht geschaut, so hasste er sie. Denn bei ihrer Geburt war seine Lieblingstochter gestorben und als ihm die alte Kinderfrau das Neugeborene bringen wollte, da hatte er einen Schwur getan: Niemals, niemals werde er dieses Kind ansehen.*

*Nun saß er Tag um Tag am Fenster, starrte hinaus auf die See und weinte um seine tote Tochter. Haar und Bart wurden ihm weiß und wuchsen so lang, dass sie bis zum Boden niederhingen, und seine Tränen tropften auf das Fenstersims, höhlten den Stein aus und rannen die grauen Mauern hinab ins Meer.*

*Die kleine Enkelin wuchs heran, ohne dass sich jemand um sie kümmerte; nur die alte Kinderfrau gab ihr manchmal – wenn niemand es sah – ein paar Essensreste aus der Küche oder einen zerrissenen Unterrock aus dem Lumpensack; die andern Dienstboten aber spielten ihr übel mit, stießen sie herum, schlugen sie und zeigten mit Fingern auf ihre bloßen Füße und nackten Schultern. „Lumpenkind, Lumpenkind", riefen sie ihr nach, bis das Mädchen weinend aus dem Schloss floh und sich in den Büschen verbarg.*

*Ja, so wuchs sie auf, mehr draußen als drinnen, nur Lumpen am Leib, kein Bett für die Nacht, keinen Platz am Tisch und kein gutes*

Wort für sie im ganzen Schloss. Aber einen Freund hatte sie, das war der kleine Gänsehirt. Viel geben konnte der ihr auch nicht, aber immer wenn sie ganz verzweifelt war vor Hunger oder Kälte oder Müdigkeit, spielte er für sie auf seiner Flöte. Und dann vergaß sie allen Kummer und tanzte und die Gänse schnatterten dazu.

Eines Tages ging die Kunde durchs Land, der König werde die Stadt besuchen, die nahe beim Schloss lag, und in seinem dortigen Palast werde er einen großen Ball geben für alle Edlen des Reiches. Und der Kronprinz, des Königs einziger Sohn und Erbe, werde sich auf diesem Ball unter den Töchtern des Landes eine Braut wählen.

Auch in das Schloss am Meer kam die königliche Einladung, die Diener brachten sie ihrem Herrn, der saß wie immer am Fenster, eingehüllt in sein langes weißes Haar, und seine Tränen tropften aufs Fenstersims. Aber als er die Botschaft des Königs vernahm, da trocknete er seine Tränen und ließ sich prächtige Gewänder bringen und edelsteingeschmückte Ringe, die legte er an. Dann befahl er, sein weißes Pferd zu satteln und mit Seide und Gold zu schmücken, so wollte er dem König entgegenreiten.

Selbst das Lumpenkind hatte von den großen Festlichkeiten in der Stadt gehört, nun saß sie weinend bei der Küchentür, sie durfte ja gewiss nicht mitkommen und all die Pracht betrachten. Die alte Kinderfrau hörte sie schluchzen, da ging sie zu ihrem Herrn, der gerade aufbrechen wollte.

„Herr“, sagte sie, „nehmt doch die Kleine, Eure Enkelin, mit auf den Ball.“

Der alte Lord runzelte nur die Stirn: „Schweig, davon will ich nichts hören.“

Und die Dienstboten lachten: „Was soll das Lumpenkind denn auf dem Ball – wenn sie tanzen will, kann doch der Gänsehirt für sie spielen.“

„Herr, nehmt das Kind mit“, bat die alte Kinderfrau noch einmal, aber der Lord schüttelte nur den Kopf und als sie noch immer nicht aufgab, scheuchten die anderen Diener sie mit Spott und Stößen davon. Mit schwerem Herzen ging sie zurück in die Küche, da hatte die Köchin das Lumpenkind längst davongejagt und die war fortgelaufen zu ihrem Freund, dem Gänsehirten. Dem erzählte sie unter

Tränen, wie unglücklich sie sei, weil sie nicht mitdürfe auf den Ball des Königs.

„Ach, wein doch nicht und verlier nicht gleich den Mut", sagte der. „Weißt du was, wenn der Lord dich nicht mitnimmt, dann geh' ich mit dir in die Stadt, gewiss bekommen wir da etwas zu sehen vom Fest und vielleicht sehen wir sogar den König und die Braut."

Doch das Lumpenkind ließ nur den Kopf hängen und schaute traurig an sich herab auf ihren zerlumpten Rock und ihre nackten Füße. Da blies der Gänsehirt in seine Flöte, mit der rechten Hand spielte er eine fröhliche Melodie, da vergaß sie ihren Kummer, und mit der linken zog er sie mit sich und dann tanzten Lumpenkind und Hirtenjunge Hand in Hand, die Gänse voraus, die Straße hinab zur Stadt.

Sie waren noch nicht weit gekommen, da überholte sie auf einem prächtigen Pferd ein schöner junger Mann in kostbaren Kleidern. „Grüß Gott, ihr beiden", rief er ihnen zu, „sagt mir doch: Führt diese Straße in die Stadt, wo heute der König zum Ball einlädt?"

„Ja, dahin wollen wir auch", sagte das Lumpenkind, „reitet nur immer geradeaus, Ihr könnt den Weg nicht verfehlen."

„Oh, gut", sagte der Reiter, aber er trabte nicht weiter, sondern schwang sich aus dem Sattel und schritt, sein Pferd am Zügel, neben ihnen her und Lumpenkind und Hirtenjunge hüpften Hand in Hand zum fröhlichen Klang der Flöte weiter die Straße hinab.

Der Fremde konnte aber seinen Blick nicht abwenden vom Gesicht des Lumpenkindes; das war zwar nicht ganz sauber und man sah noch die Tränenspuren auf ihren Wangen, auch war ihr Haar nicht geflochten, sondern fiel in wilden Locken auf ihre Schultern – und doch hatte er nie ein schöneres Mädchen gesehen und nie zuvor war er so verliebt. Da fasste er sich ein Herz: „Ich bitte dich, Mädchen", sagte er zu ihr, „werde meine Frau."

Sie lachte und schüttelte den Kopf mit den wilden goldenen Locken. „Man würde Euch doch nur auslachen, wenn Ihr ein Gänsemädchen heiraten wolltet", sagte sie. „Sucht Euch eine der hohen Damen aus, die Ihr heute Abend auf dem Ball des Königs sehen könnt, und macht Euch nicht lustig über ein armes Lumpenkind!"

Der Fremde gab aber nicht auf und wenn sie ihn auch immer wieder abwies – „Nein, das geht doch nicht, das wisst Ihr doch selbst!" –, mit jedem Nein klang die Flöte süßer, mit jedem Nein liebte er sie mehr. „Wenn wir nur wollen, so wird uns nichts und niemand trennen“, rief er endlich, als sie ans Stadttor kamen und voneinander Abschied nahmen. „Und damit du glaubst, dass es mir ernst ist und ich mir keinen Scherz mit dir erlaube: Komm heute Nacht auf den Ball, so wie du bist, ohne Schuhe und mit zerrissenem Rock und mit deinen Gänsen. Sei um Mitternacht dort, ich werde mit dir tanzen und dich dem König und all den edlen Damen und Herren vorstellen als meine Braut!“

Nun war es bald Mitternacht auf dem Ball des Königs, die Halle glänzte im Licht ungezählter Kerzen, festliche Musik erklang und die vornehmen Damen und Herren drehten sich fröhlich im Reigen. Da schlug es zwölf, die Tür der Halle öffnete sich und herein kam das Lumpenkind, gefolgt von dem Hirtenjungen und der schnatternden Gänseschar. Sie blieben an der Tür stehen, alle starrten sie an, die Musik brach ab und das Lumpenkind hörte die Damen tuscheln und die Herren lachen und sie sah den König auf dem Thron verwundert aufblicken.

Und an der Seite des Königs sah sie den schönen Fremden, der sie eingeladen hatte; der sprang auf, lief zu ihr, nahm sie bei der Hand und führte sie vor den Thron. Und dort küsste er sie dreimal. Dann wandte er sich zum König.

„Vater“, sagte er – denn es war, wie ihr euch sicher schon gedacht habt, der Königssohn, der eine Braut auswählen wollte –, „Vater, ich habe meine Wahl getroffen. Dies hier ist meine Braut und keine im Land ist schöner und mir lieber!“

Aber noch eher er zu Ende gesprochen hatte, setzte der Hirtenjunge seine Flöte an die Lippen und blies eine leise süße Melodie, die schwebte durch den Saal wie das Lied eines Vogels im fernen Wald; und da verwandelten sich die Lumpen des Mädchens in prächtige Kleider, die waren übersät mit glänzenden Edelsteinen und eine goldene Krone saß auf ihrem goldenen Haar und aus den Gänsen waren anmutige Pagen geworden, die trugen ihr eine lange Schleppe nach.

Und der König erhob sich von seinem Thron, umarmte das Mädchen und sprach, sie sei gewiss die Rechte und ihm von Herzen willkommen als Braut seines Sohnes und als geliebte Tochter. Und

*Fanfaren tönten zu Ehren der Braut und das Volk auf den Straßen jubelte und rief: „Ja! Der Prinz hat wirklich gut gewählt!"*

*Der Gänsehirt aber war verschwunden, so wie sein Lied verklungen war, und niemand weiß, wie und wohin. Und auch der alte Lord war gleich wieder heimgekehrt in das graue Schloss am Meer, er konnte ja nicht bei Hofe bleiben, weil er geschworen hatte, seine Enkelin niemals anzusehen. Und so sitzt er wohl noch immer am Fenster, starrt hinaus auf die See und seine Tränen rinnen die grauen Mauern hinab ins Meer.*

Die meisten Märchen, die mich tief anrühren, erzählen von der immer unheimlichen Begegnung mit der Anderswelt oder von den Lebensherausforderungen, denen Männer sich stellen müssen. Und dennoch habe ich mich in dieses Märchen vom Lumpenkind gleich beim ersten Lesen verliebt. Ich konnte es nicht übers Herz bringen, hier die in wunderbaren Bildern komponierte Geschichte aufzuteilen. Darum betrachte ich im Nachhinein noch einmal die Bilder, und zwar aus einer ausdrücklich religiösen, ja theologischen Perspektive, wohl wissend, dass diese keineswegs zwingend ist, aber doch auch keine Vergewaltigung des Märchens und seiner Bilder.

Hauptfigur und Namensgeberin des Märchens ist das Lumpenkind; aber der erste Blick richtet sich auf den Großvater, was nicht ungewöhnlich ist, wenn eine Vorgeschichte für ein wunderbares Kind entfaltet wird. Ein wenig ungewöhnlicher ist, dass auch der letzte Blick wieder dieser eher dunklen Gestalt gilt und nicht dem glücklichen Paar, aber das ist bei Schneewittchen auch so.

Doch wenn wir dem Märchen insgesamt nachsinnen wollen, müssen wir zuerst das Lumpenkind anschauen, denn ganz eindeutig ist sie die Gestalt, mit der sich zu identifizieren das Märchen einlädt. Das fällt mir auch ganz leicht, obwohl ich weder weiblich bin noch eine unglückliche Kindheit erleiden musste.

Das wunderbare, aber verkannte und missachtete Kind ist eine typische Figur in den Märchen und in der Kinder-

und Jugendliteratur – Harry Potter ist das wohl bekannteste Beispiel aus jüngerer Zeit. Viele Kinder fantasieren – vor allem, wenn sie sich über ihre Eltern oder Umwelt ärgern –, sie seien bei der Geburt vertauscht worden und gehörten gar nicht in die Familie, in der sie nun gelandet sind, und eines Tages stünde eine Kutsche oder ein weißes Pferd vor der Tür und würde sie in ihre wahre Heimat holen. Auch viele Erwachsene werden manchmal von dem Gefühl gepackt, sie seien „im falschen Film", die Welt, die sie erlebten, sei zu eng und klein für ihre Träume.

Das Mädchen, das uns zunächst als Lumpenkind begegnet, erscheint mir als ein Bild der menschlichen „Seele". Diese wurde in der Bildersprache der Mythen wie der Mystik immer weiblich gesehen. Und diese Seele ist im Elend, das heißt: im Ausland, in der Fremde, der Entfremdung, eben nicht einfach in der Welt oder in sich selbst zu Hause. Blaise Pascal, der geniale Mathematiker und Ingenieur, Philosoph, Literat und Mystiker des späten 17. Jahrhunderts, hat in seinem nachgelassenen Zettelkasten, den „Pensées", Gedankenblitze hinterlassen. Einige sind wie zu unserem Märchen geschrieben:

*Die Größe des Menschen ist so sichtbar, dass sie sich sogar aus seinem Elend ableiten lässt, denn was für die Tiere Natur ist, das nennen wir beim Menschen Elend (120).*

Aber für Pascal folgt daraus nicht wie für Sartre die Absurdität des menschlichen Daseins, sondern

*dieses Elend beweist gerade seine Größe. Es ist das Elend eines großen Herren, das Elend eines entthronten Königs (121).*

Wieder berühren wir mit diesem Bild, was die Tradition Erbsünde nennt: In uns ist eine Ahnung von königlicher Würde, aber meist erleben wir uns im Exil. Aber diese Exilserfahrung ist das, was die katholische Osterliturgie in dem uralten Gesang des „Exsultet" als „felix culpa" beschreibt,

„als glückliche Schuld", als ein Leiden, das Kräfte weckt und Sehnsucht wach hält. Noch einmal Pascal:

*All unserem Elend, das uns berührt, das uns nach der Kehle greift, zum Trotz haben wir einen Instinkt, der uns erhebt, den wir nicht unterdrücken können (122). Die Größe des Menschen ist groß darin, dass er sein Elend erkennt. Ein Baum erkennt sein Elend nicht. Es heißt also unglücklich sein, wenn man sich als unglücklich erkennt. Aber es heißt groß sein, wenn man erkennt, dass man unglücklich ist (134).*

Das Lumpenkind ist eine wunderbare Verdichtung der menschlichen „Seele". Zu Beginn wird in Bildern, aber gerade darum ergreifend ausgemalt, was das Elend der „Erbsünde" ist: sich fremd und ungeborgen zu fühlen in der Welt, nicht so geliebt zu werden, wie man das ersehnt, den Unterschied zu erkennen zwischen dem, was man leben möchte, und dem, was zu leben möglich ist. Oder, um es mit Gedanken Martin Luthers zu sagen: die Unmöglichkeit, das eigene Dasein zu „rechtfertigen", die eigene Daseinsberechtigung aus sich selbst heraus zu begründen.

Verlassen wir zunächst das Lumpenkind und seine Ausgangssituation und schauen auf den Großvater, den alten Lord. Dieser ist eine typische Gestalt in der menschlichen Bildersprache für die erlebte Welt: Er ist der Große Vater, die Autorität, das Über-Ich. Dieser Große Vater ist tief verbittert und verhärtet, er kann dem Leben nicht verzeihen, dass es so anders gekommen ist, als er es gewünscht hat. Er trauert so sehr über den Tod der geliebten Tochter, dass er das Leben der Enkelin nicht akzeptieren kann.

Der Alte ist eine tragische Gestalt, er tut mir leid. In manchen Stunden tiefer Trauer über zerbrochene Lebenspläne war ich zumindest in Gefahr, ähnlich zu versteinern. Und ich habe mehrfach erlebt, wie (durchaus auch junge) Menschen zu mir kamen, nachdem ich das Lumpenkind erzählt hatte, und mit Tränen in den Augen sagten, sie seien der Großvater.

Das Märchen selbst stellt uns allerdings an die Seite des Lumpenkinds und damit dem Großvater gegenüber. Er verkörpert das große Nein zum Leben, er verweigert das Ansehen, er macht das Lumpenkind verantwortlich für eine Schuld, zu der es nichts kann und mit der es doch leben muss.

Manche Menschen verwechseln den großen Vater in ihrem Kopf, der ihnen ständig ihr Versagen und ihre Schuld vorhält, mit Gott – so wie vielleicht der Beter am Anfang des 90. Psalms. Dabei wird Gott als durch die Unvollkommenheit des Menschen ständig gekränkt gesehen, er ist ein Name für die Erfahrung ständiger Überforderung. „Strenger Richter aller Sünder", wurde in meiner Kindheit noch oft gesungen, „der du uns so schrecklich drohst ..." Und im Refrain: „Gib uns Gnade, recht zu büßen, dass wir nicht einst hören müssen, geht von mir, ich kenn euch nicht ...!"

Dieses Gottesbild ist, wie mir scheint, selten geworden, aber der alte Lord sitzt auch in Köpfen, aus denen alle religiösen Deutebilder verschwunden sind. Dann erscheint er als ganz und gar weltlich-diesseitiger Perfektionsanspruch, dem man nie genügen kann, weil die beruflichen Leistungen, die sozialen Kompetenzen, die Fähigkeit als Ehepartner oder Elternteil nie ausreichen, um sich „ansehnlich" zu fühlen.

Das Märchen vom Lumpenkind ist sicher unbewusst, aber dennoch wunderbar komponiert. Es antwortet mit einem Gegenbild auf das verbitterte und niederdrückende Über-Ich des alten Lords. Eine erlöste und erlösende Vatergestalt wird ihm gegenübergestellt: der alte König. Verkörpert und spricht der Lord das große Nein, so sagt der König das endgültige „Ja, mein Kind".

Jeder Mensch, auch wer wie ich geprägt ist durch die 68er und ihre Autoritätskritik, sehnt sich in seinem tiefsten Inneren nach diesem endgültigen Ja, das eine letzte Autorität zu seinem Leben sagt. Dieses Vertrauen auf ein letztgültiges Ja-Wort sieht die christliche Theologie in jener Wirklichkeit und Wirkung Gottes, die wir Vater nennen.

Dass dieses letzte Ja-Wort erst der „verklärten" und verwandelten Gestalt des Lumpenkindes gilt und nicht ihrer Lumpen-Existenz, hat eine tiefe Wahrheit. Darauf komme ich später noch einmal zurück.

Aber nicht nur zwei Vaterfiguren stehen sich im Märchen gegenüber, auch zwei durchaus unterschiedliche, ja gegensätzliche Helfergestalten begleiten das Lumpenkind, nämlich einmal die Kinderfrau und dann der Gänsehirt.

Die Kinderfrau hilft dem Lumpenkind, eine kümmerliche Existenz aufrechtzuerhalten, sie versorgt es mit dem Lebensnotwendige, Essensresten und abgelegten Kleidungsstücken, aber gibt ihm kein gutes Wort, keine Zuwendung, keine Anerkennung, keine Wertschätzung und Wärme. Wir sollten die Kinderfrau nicht damit entschuldigen, dass sie ja vielleicht nicht gegen den Befehl des Lords handeln konnte; die Geschichte ist nicht historisch, sondern fiktiv, die Kinderfrau kein konkreter Mensch, der sich vielleicht nicht traut, dem eigenen Herzen zu folgen, sondern eine „typische" Gestalt. Es gibt – im Märchen recht selten, im Leben häufig – diese Form der „kalten Hilfe".

Natürlich haben die Erzähler und Zuhörer dieses Märchens in alten Zeiten nicht an das gedacht, was mir zur Kinderfrau einfällt: In unserem Land gibt es viel organisierte Hilfe nach Art der Kinderfrau. Menschen bekommen „Almosen", bekommen Reste zugeteilt – aber ihre Selbstachtung, ihr Lebensmut wird nicht gefördert. Und am Ende, als die Kinderfrau doch für das Lumpenkind eintreten will, verhandelt sie – über seinen Kopf hinweg – mit der Obrigkeit und das bleibt genauso folgenlos wie viele „oben" – zwischen Regierenden und Professionellen der sozialen Hilfe – abgestimmte Programme. Natürlich brauchen viele Menschen auch materielle Unterstützung, aber hilft sie ohne ein gutes Wort, ohne eine Ermutigung, das Leben in die Hand zu nehmen?

Als Gegenbild, als guten Freund und Helfer zeichnet das Märchen den Gänsehirten. Er kann weder Nahrung noch Kleidung geben (die natürlich unverzichtbar sind), aber er gibt Lebensmut und Lebensfreude durch die Musik. Musik spielt in Märchen oft eine Rolle als Sinnbild für jenen Zauber, der das Leben weckt – erinnern wir uns nur an den Gesang der Skelettfrau, an das Lied, mit dem der Königssohn im Dämmerland den Drachen der Angst überwindet, an das Lied des Mädchens unter dem Pfefferbaum. Mit seiner Musik gibt der Hirtenknabe seiner Freundin neue Kraft und seine verlässliche, so selbstlose wie unaufdringliche Freundschaft hilft ihr, ihre Selbstachtung nicht ganz zu verlieren.

Vor vielen Jahren erzählte mir eine junge Ordensfrau von der Arbeit ihrer kleinen Schwesterngemeinschaft in den Favelas, den Slums und Elendsvierteln einer brasilianischen Großstadt. Als Erstes hatten sie dort eine kleine Kapelle errichtet. Ich muss damals wohl etwas skeptisch ausgeschaut haben; vermutlich habe ich gedacht, dass Menschen im Dreck andere Sorgen und Bedürfnisse hätten als einen Andachtsraum, aber die Schwester lachte nur: „Das verstehen Sie falsch", sagte sie, „das Wichtigste, was wir den Menschen klarmachen mussten, war, dass sie kein Dreck sind, sondern Kinder Gottes und wertvoll. Wer sich für Dreck hält, kommt nie aus dem Dreck. Und nach dem Bau der Kapelle haben wir eine Wasserleitung verlegt, damit man auch außen den Dreck abspülen konnte." Wir alle brauchen „Gänsehirten", die in uns etwas zum Klingen bringen, wenn unser Leben taub und stumm und stumpf wird.

Der Gänsehirt ist für mich das Urbild eines idealen Helfers. Nicht nur, weil er dem Lumpenkind gibt, was es braucht, um nicht zu verzweifeln. Er verhandelt auch nicht mit dem Lord über seine kleine Freundin, er nimmt sie an der Hand und geht mit ihr. Und am Ende verschwindet er, als seine Aufgabe erfüllt ist – vielleicht die größte, sicher die letzte Herausforderung für Menschen, die gern helfen: nicht nur zu sehen, wo sie gebraucht werden, sondern sich durch ihre Hilfe möglichst schnell wieder überflüssig zu machen und zu gehen – wie der barmherzige Samariter (Lukas 10,30ff.).

Manchmal bedauern Zuhörer, dass das Lumpenkind und der Gänsehirt nicht zum Liebespaar geworden sind. Aber das war nicht ihre Beziehung, das war nicht seine Bestimmung, sein Auftrag. Er ist Helfer, Begleiter, Weggefährte, nicht Bräutigam. Manche Zuhörer erinnert er an einen Schutzengel und einmal sagte eine Zuhörerin, in ihm sei gewiss der Geist ihrer Mutter – im russischen Märchen von der wunderschönen Wassilissa lebt dieser in der Puppe, die dem armen Mädchen als Helferin zur Seite steht. Für die, die das Märchen einst in England erzählt haben, war der Knabe mit der Flöte sicher einer aus der Anderswelt, einer der Feen oder Elfen.

Bei einer theologischen Betrachtung habe ich keine Bedenken, in ihm ein Bild für jene göttliche Kraft zu sehen, die die Tradition mit einem nicht sehr glücklichen Wort den „Heiligen Geist" nennt. Das Wort „Paraklet", das das Johannesevangelium für diese Wirkmacht Gottes verwendet und das mit „Tröster" oder „Beistand" übersetzt wird, meint eigentlich „Verteidiger" oder „Anwalt". Er ist die Gegenkraft zum Satan, was ja „Ankläger" heißt. Da ist eine Lebensstimme, die spricht nicht ständig gegen den Menschen, sondern sie spricht für ihn, sie verteidigt ihn gegen Überforderung und Missgunst. Das im Kirchenlatein für den „Heiligen Geist" verwendete Wort „consolator" bedeutet wörtlich: „der mit in die Einsamkeit geht", der also einen Menschen nicht allein lässt in seiner Angst und Verlorenheit. Der Hirtenknabe verkörpert genau das. Und da der „Heilige Geist" die Wirklichkeit und Wirkung Gottes in und durch uns ist, das dritte Gesicht, das Gott haben will neben dem des Himmels und dem Jesu, unser Gesicht nämlich, darum sind die allermeisten von uns gewiss schon einmal für einen anderen Menschen ein Gänsehirt gewesen.

Es ist eine wichtige „geistliche Übung" herauszufinden, wer und wo die Gänsehirten sind. Sicher sind das oft Menschen, die uns guttun, die aufrichten, Mut machen, begeistern. Aber alles, was in uns Lebensmut wachruft, kann ein

Gänsehirte sein; manche Landschaften bringen das in mir zum Klingen und manche Musik, Bilder, vor allem die von Caspar David Friedrich, etliche Gedichte und viele Märchen, nicht zuletzt das vom Lumpenkind. Aber natürlich und ganz bewusst gesucht sind auch viele religiöse Traditionen „Gänsehirten": Geschichten und Gedanken der Bibel, die mir zu Schlüsseltexten geworden sind, Psalmen und andere Gebete, die ich so inwendig kenne wie die Märchen, aber auch etliche Symbole und Rituale. Jeder Mensch ist gut beraten, auf seine „Gänsehirten" zu achten, sie zu suchen und sich von ihnen regelmäßig und in schweren Stunden erinnern zu lassen an die Melodie des Lebens.

Bleibt nun noch der Königssohn – denn die Diener lohnen kaum einen zweiten Blick, offensichtlich verkörpern sie jene „knechtische" Lebenshaltung, die sich nur dadurch ein wenig erheben kann, dass sie andere schlecht macht und quält. Der Königssohn hingegen verkörpert das „edle", „adlige" Leben, wobei Adel natürlich nicht eine Frage des Blutes ist, sondern der Gesinnung. Viel schöner und wahrer als im Grimmschen Aschenputtel braucht dieser Prinz kein goldenes Ballkleid, um aufmerksam zu werden für die Schönheit der Heldin. Er durchschaut Schmutz und Lumpen, er liebt das Lumpenkind schon in seiner Jammergestalt, er liebt die junge Frau so, wie sie ist. Ja, erst als wir im Märchen durch seine Augen sehen, wird uns bestätigt, was wir vermutlich schon geahnt haben: dass sich in den Lumpen wahre Schönheit verbirgt, so als würde erst sein Ansehen ihre Schönheit aufdecken.

Berührend ist das eindrückliche Bild, das als erste Handlung des Königssohns ausgemalt wird: Weder reitet er weiter noch packt er das Mädchen, weil es ihm gefällt, nimmt es aufs Pferd – und auf und davon. Nein, er schwingt sich aus dem Sattel, steigt aus Liebe herab vom hohen Ross und geht Seite an Seite mit ihr, teilt ihren Weg und ihr Leben. Wenn wir das Märchen auf seine theologisch sprechenden Bilder hin betrachten, so ist diese Szene wie eine märchenhafte Verdichtung des ganzen Lebensweges Jesu von

Weihnachten bis Karfreitag: Aus Liebe steigt der Sohn des Königs herab und geht den Weg des geliebten Menschen. Kein Nein, keine Ablehnung kann seine Liebe trüben. Schon das ganze Alte Testament erzählt von diesem Werben Gottes um seine Menschen. Dann, am Tor zur Königsstadt, lässt er der Geliebten die Freiheit und die Entscheidung: Sie ist eingeladen, so wie sie ist, aber sie wird nicht hineingezwungen. Denn Liebe braucht Freiheit, ist immer nur ein Angebot, sobald sie zwingen will, wird sie zur Vergewaltigung.

Der aufmerksame Blick auf die Schlüssel- und Erlösungsszene im Thronsaal steht noch aus. Das Lumpenkind wagt es, der Einladung zu folgen, obwohl ihm jede angemessene Ausstattung fehlt. Da zeigt das Märchen, was Gnade bedeutet: Ich bin gerufen ohne Vorbedingung, so, wie ich bin, gilt mir die Liebeserklärung; aber nun muss ich dem Ruf folgen, muss mich auf den Weg machen und die Tür zum Leben öffnen. Eigentlich überfordert mich das, aber ich gehe ja nicht allein, der Gänsehirt bleibt als treuer Begleiter. Und so betreten wir mit dem Lumpenkind und selbst als Lumpenkind in der Mitte der Nacht den Thronsaal zur großen Schlussszene des Märchens Leben. Obwohl es ein Märchen ist und kein Gleichnis, verdichtet das Geschehen im Thronsaal auf unübertreffliche Weise das, was die Theologie auf den Begriff „Eschatologie“ bringt, „die Letzten Dinge“, und was mir in der Kindheit als durchaus nicht nur angenehme Vorstellung einer letztgültigen Lebensverantwortung vor Gott begegnete, das „Jüngste Gericht“.

Wenn ich den „himmlischen Thronsaal“ betrete, wenn ich mein Leben endgültig wahrnehmen muss im Licht Gottes, dann fühle ich mich wie das Lumpenkind fehl am Platz. Ich bin kein sonderlich bescheidener Mensch, aber auch mir ist klar, dass meine Erscheinung nicht in diesen Königssaal passt, dass ich viel mehr Lumpenkind bin als der Königssohn, der erfolgreich heimkehrt mit der kostbaren Perle. Das Tuscheln und Lachen um mich ist auch eine innere Stimme, zwischen dem Licht des Himmels und meinem Erdenleben liegen Welten. Ich bleibe an der Schwelle stehen, näher komme ich dem Himmel nicht.

Aber der Königssohn, der mir, dem Lumpenkind, auf der staubigen Straße der Welt seine Liebe erklärt hat, springt auf, führt mich vor den Thron des Vaters und küsst mich. Wo ich nichts vorzuweisen habe, verweist er auf seine Liebe, wo ich um meine Lumpengestalt weiß, sieht er eine Schönheit, die ich kaum glauben kann. Martin Luther würde wohl sagen: Meine Anwesenheit, mein Dasein ist gerechtfertigt, weil der Königssohn seine Liebe öffentlich und vorbehaltlos erklärt und sein Leben an mein kümmerliches Leben bindet. Dies ist der „evangelische Aspekt" der „letzten Wahrheit", auf den nun noch eine „katholische Perspektive" folgt. Denn die Liebeserklärung des Sohnes wird begleitet vom letzten Lied des Gänsehirten, der damit seinen Auftrag als Begleiter und Ermutiger erfüllt hat und verschwindet. Liebesschwur und Feenlied zusammen bewirken nun eine letzte Verwandlung, das Lumpenkind gewinnt die königliche Gestalt, zu der es berufen ist, und der König sagt ihm das endgültige „Ja, mein Kind"! Am Ende gilt Gottes Ja und Amen nicht dem, was ich höchst unvollkommen gelebt habe, sondern all dem, wozu ich berufen und bestimmt war und bin, auch wenn ich meine Lebenszeit meist nicht im königlichen Leben verbracht habe, sondern im Exil.

Natürlich ist das „spekulative Theologie" oder, weniger nüchtern gesagt, einer der großen Glaubensträume, keine nüchterne Anweisung zur Zukunft. Aber für mich liegt ein tiefer Trost in diesem Bild, dass das Ja Gottes auch das einholt und hält, was mir im Leben nur ganz unvollkommen gelungen ist. Denn nicht das Mädchen im Lumpen ist ja die wahre Gestalt des „Seelen-Mädchens", sondern von Geburt stammt die junge Frau ja aus „hochherrschaftlichem Haus" und wurde nur verstoßen von einem Edelmann, der es nicht bis zur königlichen Größe gebracht hat. Am Ende aber ist ihr Leben in dem Licht, für das sie bestimmt ist.

Ein Traum, gewiss, aber mir macht er Mut. Die Szene deutet für mich nicht nur das „Jüngste Gericht" als jenseitig-endgültige Erfahrung „dereinst". Auch jeden Gottesdienst kann ich vergleichen mit dem Weg in den Thronsaal. Ich betrete die „Anderswelt" der Kirche – denn zumindest eine katholische Kirche ist als „heiliger Raum" nicht gedacht als Lehrhaus, als Ort moralischer Besserung, sondern als An-Deutung des himmlischen Thronsaals – mit dem Eingeständnis meiner Schuld, dem Eingeständnis, dass ich hier nicht wie selbstverständlich hingehöre; immer wieder zieht sich dieser Gedanke durch die Liturgie. Aber die Liebeserklärung des Königssohns übergeht meine Selbstzweifel und ich werde ermutigt zur Verwandlung – oder wenigstens dazu, daran zu glauben, dass Verwandlung möglich ist, sogar bei mir. Erinnert an das endgültige Ja, verlasse ich dann – anders als im Märchen – den Thronsaal, denn in dieser Welt endet meine Geschichte hier nicht, sondern ich werde wieder ins Leben geschickt mit dem Aufruf, der im alten Kirchenlatein so viel besser geklungen hat als im bieder-harmlos-antiquierten heutigen Kirchendeutsch. Nicht: „Gehet hin in Frieden!", was für viele klingt wie: „Setzt euch zur Ruhe." Sondern: „Ite missa est" – „Los, ihr habt einen Auftrag!"

Das Märchen endet damit, dass der lebensbejahende Hirtenknabe und der lebensverneinende alte Lord verschwinden, das letzte Bild zeigt ihn noch immer festgefroren in seiner Bitterkeit. Ohne diesen Schluss könnte ich das Märchen vielleicht gar nicht erzählen, dann wäre es fast zu lieblich. Aber der Schluss ist auch wahr: Der Lord, der immer nur aburteilende Umgang mit dem Leben (das meint Paulus wohl mit dem Gesetz), ist nicht zu retten, wo Liebe das Leben erklärt.

Ein Märchen ist ein Märchen, keine theologische Abhandlung. Aber mir gibt dieses Märchen wunderbare und einprägsame Bilder für die Wahrheiten des Glaubens, die die Theologie in abstrakte Begriffe fasst.

*Erbsünde* ist, in der Fremde, der Entfremdung, dem Exil zu leben – und es zu wissen, ein Lumpenkind zu sein –

und doch zu ahnen, dass dies nicht die ganze Wahrheit meines Lebens ist.

*Erlösung* beginnt, wo wir mit einer Liebe beschenkt werden, die uns aufrichtet, öffnet, schon jetzt zur Verwandlung ermutigt und zu neuen Wegen und die alles Leben endgültig – jenseits aller Zeiten – (v)erklären wird.

*Dreifaltigkeit* bedeutet, dass Gott, der sich als und in Liebe zeigt, drei „Gesichter" für uns hat: Er begleitet uns mit der Lebenskraft Liebe wie ein Gänsehirt. Er spielt das Lied des Lebens für uns und in uns und – wo wir für andere Gänsehirten sind – durch uns. Er steigt als Königssohn herab und geht mit uns unseren Weg, erklärt uns seine Liebe zu uns Lumpenkindern und lädt uns ein, ihm zu folgen in sein Reich des Lichtes. Er sagt als königlicher Vater sein Ja zu unserem Leben, nicht nur zu dem, was wir wirklich leben konnten zwischen Scheitern und Gelingen, sondern auch zu dem, was wir uns in unseren besten und tiefsten Träumen ersehnt haben.

Das *Jüngste Gericht* geschieht, wenn und wo offenbar wird, dass wir in all unserem Ungenügen Gottes Liebe genügen und uns durch sie aufrichten und verwandeln lassen.

Jeder Gottesdienst, jedes Gebet nimmt dieses endgültige Stehen vor Gott vorweg und will uns immer neu daran erinnern, wer und wozu wir sind: Königskinder.

Freilich, Königskind ist nie unsere ganze und alleinige Wirklichkeit und es gibt keinen Grund zu Hochmut und Überheblichkeit. Noch einmal möchte ich Blaise Pascal zu Wort kommen lassen mit einigen seiner Gedankensplitter:

*Die wahre Religion müsste die Größe und das Elend lehren ... (234), denn es ist gefährlich, den Menschen zu sehr merken zu lassen, wie sehr er den Tieren gleicht, ohne ihm seine Größe zu zeigen. Es ist auch gefährlich, ihn zu sehr seine Größe fühlen zu lassen, ohne ihm seine Niedrigkeit zu zeigen. Es ist noch gefährlicher, ihn über beides in Unkenntnis zu lassen. Aber es ist vorteilhaft, ihm beides vor Augen zu führen. Er soll weder glauben, er sei [nur] den Tieren oder [nur] den Engeln ähnlich, noch soll er über beides in Unkenntnis sein, sondern er soll beides wissen (212). Der Mensch ist weder Engel noch Tier und das Unglück will es, dass wer einen Engel aus ihm machen will, ein Tier aus ihm macht (213).*

*Wenn der Mensch Gott erkennt, ohne sein Elend zu erkennen, verfällt er dem Stolz. Erkennt er sein Elend, ohne Gott zu erkennen, verfällt er der Verzweiflung. Durch die Erkenntnis Jesu Christi stehen wir in der Mitte, denn darin finden wir sowohl Gott wie auch unser Elend (231).*

Mit dem Märchen gesprochen: Wenn der Königssohn uns im Thronsaal küsst, dann wissen wir um unsere Lumpen und um unsere Schönheit; und wenn das Lumpenkind klug ist, woran ich nicht zweifele, so wird es auch in Strahlenkleid und Krone nicht vergessen, wie sich Hunger und Kälte und Müdigkeit angefühlt haben.

In den nächsten beiden Kapiteln denke ich deshalb mit drei Märchen darüber nach, wie wir ohne Hochmut und Überheblichkeit leben können, wenn wir vom Lumpenkind zum Königskind geworden sind oder zumindest doch wissen, dass unser Wesen, unsere Abstammung und Bestimmung weit eher königlich als lumpig sind.

8. Kapitel

## Gawain und der Grüne Ritter
oder:
## Mit der eigenen Schwäche leben dürfen

Vergiss nicht, dass du ein Königskind bist. Vergrab dich nicht in die Asche und die Lumpen deiner Lebensgeschichte. Du bist erwünscht, du wirst erwartet.

An diese königliche und zugleich ganz und gar christliche Lebenshaltung erinnern viele Märchen. Aber auch wenn ich um meine Krone weiß, bleibe ich ein Mensch und damit fehlerhaft, unvollkommen, begrenzt. Die frühe Christenheit hat lange mit dieser Erfahrung gerungen: Warum konnten die, die um ihre Erlösung wussten, dann doch nicht dauerhaft erlöst leben? Warum blieb die Schwäche unausrottbar?

Das Märchen, das ich in diesem Kapitel vorstelle und bedenke, gibt eine Antwort, wie wir mit diesem Zwiespalt leben können und dürfen. Das Märchen – es liegt literarisch zwischen Märchen und Sage – stammt aus dem hohen Mittelalter. Es gehört zu dem damals in Mittel- und Westeuropa beliebtesten Erzählstoff, zu den Geschichten um König Artus und die Ritter der Tafelrunde. Es gab sie als Hochliteratur wie als Volkserzählung. Die Geschichte von „Gawain und dem Grünen Ritter" ist überliefert als eine Ballade, als englischen Versdichtung „Sir Gawaine and the Green Knight", die vor 1400 aufgeschrieben sein dürfte und sicher auf älteren mündlichen Überlieferungen beruht. J.R.R. Tolkien, der Verfasser des „Herrn der Ringe", der von Beruf Professor für mittelenglische Literatur war, hat diese Balladenhandschrift wieder entdeckt und 1925 veröffentlicht.

Es ist, wie alle Artus-Geschichten, eine Erzählung über Ritter. Bis heute hat das Bild vom Ritter nichts an Faszination verloren. Dabei geht es um ein Ideal, nicht eine historische Lebensform. Die mittelalterlichen Ritter waren zunächst und auch später ganz überwiegend hochspezialisierte berittene Kämpfer, die ihren Lebensunterhalt weitgehend mit dem verdienten, was wir heute Schutzgelderpressung nennen. Aber innerhalb dieser Kreise und ausgelöst durch bestimmte Ehrvorstellungen entwickelt sich ein Lebensmodell der „Ritterlichkeit". Der „Ritter" verkörpert den „adligen Diener", den Menschen, der um seine Würde und Krone weiß und sich doch – aus freien Stücken – einer größeren Aufgabe unterordnet. Sehr schön zeigt das die aus dem ritterlichen Leben in die kirchliche Liturgie eingegangene Kniebeuge. Sie ist – anders als der Fußfall – keine bedingungslose Unterwerfung, sondern der Ritter beugt die Knie vor einem Größeren, aber er beugt nicht den Nacken, er bleibt aufrecht. Die ideale ritterliche Lebensaufgabe ist die „Queste", die abenteuerliche Suche. Dabei ist aber der Ritter (als Ideal) kein Abenteurer wie die Konquistadoren, er sucht nicht Gold und eigentlich auch nicht Ruhm, sondern er sucht nach dem, wofür es sich zu leben lohnt.

Unser Märchen beginnt in Camelot, am Hof des Königs, den sich die Menschen im Mittelalter wohl in Südengland vorgestellt haben, vielleicht in Winchester. Von dort geht Gawains Reise nach Norden ins schottische Grenzland hinter Carlisle. Sie beginnt an Silvester, mitten in den Raunächten, den zwölf Nächten nach Weihnachten oder besser nach der Wintersonnenwende, denn die Raunächte sind eine vorchristlich-germanische Vorstellung. In diesen längsten und unheimlichsten Nächten des Jahres, wenn es im Norden kaum hell wird, war die Wilde Jagd los, ein düsterer Zug aus der Anderswelt, ein Einbruch aus den Schattenseiten des Lebens.

### *Gawain und der grüne Ritter*

*Es war an Silvester und das alte Jahr neigte sich zum Sterben. Unheimlich war diese Zeit und die Menschen rückten enger ums Feuer zusammen, denn in den Raunächten ging, wie jeder wusste, die Wilde Jagd um und die Untoten waren los.*

Nur in Camelot feierte König Artus mit den Rittern der Tafelrunde und ihren Damen fröhlich den Jahreswechsel: Die köstlichsten Speisen wurden aufgetischt, der Wein floss in Strömen, Musikanten spielten auf und Gaukler zeigten ihre Kunst. Man schmauste und zechte, lachte und tanzte.

Da plötzlich wurde die große Tür der Halle aufgestoßen und frostiger Winterwind fuhr durch den Saal. Auf der Schwelle stand ein riesenhafter Ritter, er war noch einen Kopf größer als der Größte von Artus' Männern. Grün war seine Rüstung, grün auch die mächtige Streitaxt in seiner Hand, fahlgrün wie helles Moos war selbst sein Gesicht, wie das eines Toten, der lang im Wasser gelegen hat.

Grußlos trat der Fremde in die Halle. „Allerorten rühmt man den Mut der Tafelrunde", rief er, seine Stimme klang dröhnend und hohl zugleich. „Nun bin ich gekommen, Euren Mut zu erproben, Ihr Herren! Ich schlage Euch ein kleines Spiel vor. Wer von Euch wagt es, mir mit dieser Axt den Kopf abzuschlagen? Freilich, wer das heute wagt, der muss morgen in einem Jahr zu mir kommen in die Grüne Kapelle und seinen Hals hinhalten. Und dann bin ich an der Reihe und habe einen Schlag frei!"

Totenstill war's da in der Halle. Keiner der Ritter verspürte Lust zu solch einem grausigen Spiel, betreten schauten sie zu Boden und die Damen hielten den Atem an. Der Grüne lächelte verächtlich. Schon wollte König Artus selbst sich erheben, um die Ehre der Tafelrunde zu retten, da sprang Gawain, sein Neffe auf. „Nein, mein König. Dies Abenteuer gehört mir!"

Gawain ging auf den Grünen zu und nahm ihm die schwere Streitaxt aus der Hand. Der kniete seelenruhig nieder und entblößte seinen Nacken. Gawain stand neben ihm, seine Hände umklammerten den Stiel der mächtigen Axt.

„Worauf wartet Ihr noch, junger Herr", spottete der Grüne Ritter. „Hat Euch der Mut schon verlassen?"

Da hob Gawain langsam die Waffe, er holte aus und ließ die Axt mit aller Wucht auf den Nacken des Grünen niedersausen. Dessen Kopf fiel und rollte über die Binsen. Aber sprachlos vor Entsetzen sahen alle, wie der Geköpfte, dem das Blut aus dem Halsstumpf sprudelte, langsam aufstand, zu seinem Kopf ging und ihn an den Haaren hochhob. Seine Augen waren weit aufgerissen und die blu-

*tigen Lippen bewegten sich, als er sprach: „In einem Jahr in der Grünen Kapelle. Auf Wiedersehen und vergesst Euer Versprechen nicht, junger Herr!" Dann stapfte er, den Kopf unterm Arm, lachend aus der Halle und verschwand in der Winternacht.*

*Gawain starrte ihm ungläubig nach, bis Artus ihm die Hand auf die Schulter legte. „Du hast dich auf ein seltsames Abenteuer eingelassen, lieber Neffe. Gebe Gott, dass es ein glückliches Ende nimmt!"*

*„Wovor sollte ich zittern", sagte Gawain. „Einem Mann kann nicht mehr begegnen, als ihm bestimmt ist!" Aber er war blass bei diesen kühnen Worten.*

Anders als das düster-graue Schloss am Meer, in dem das Lumpenkind zu verkümmern droht, ist Camelot eine Insel des Lichtes und der Freude mitten in einer Welt, die sich duckt unter der Angst vor der Dunkelheit. Königliche Menschen feiern hier das Leben und den Wechsel der Zeiten, voller Zuversicht, dass es gut ist und weiterhin gut gehen wird. Auch Gawain ist ein Königskind, er ist der Neffe und engste Vertraute von Artus, sein Vater ist nach den Artus-Sagen der König von Norwegen.

Aber dann bricht die Dunkelheit ungefragt ein in diese heitere höfische Welt der Königskinder. Die Tür wird aufgestoßen, es wird frostig und der Furcht einflößende Grüne Ritter betritt den Saal. Während die keltischen Feen und Elben die Schwellen der Menschen nicht ungebeten übertreten können, halten den Grünen weder Tür noch Schwelle auf.

Wer der Grüne ist, wird weder hier noch im weiteren Verlauf des Märchens erklärt. Auch das ist märchentypisch: Symbolische Geschichten entschlüsseln sich nur selten selbst. Viel wurde in England vom „Grünen Mann" erzählt, wohl ein Nachhall des alten keltisch-früheuropäischen „Herrn des Waldes", des Beherrschers des Dunklen und Undurchschaubaren, das die kultivierte Menschenwelt umgibt. In späteren Märchen erscheint der „Grüne Mann" dann als ein Jäger, der freilich in Wahrheit der Teufel ist.

Doch theologisch ist der Grüne sowenig der Teufel wie der gehörnte Hirten- und Naturgott Pan, und es war wohl einer der traurigen Irrwege der Christenheit, dass man nicht selten die Natur um uns und in uns dämonisiert hat. Harmlos sind weder die Natur noch der Grüne, unheimlich erscheinen sie uns, bedrohlich – aber sind sie auch böse?

Der Grüne fordert die Tafelrunde heraus. Nicht selten fragen Zuhörerinnen, warum die Ritter sich davon provozieren lassen und sich überhaupt auf das grausige Spiel des fremden Eindringlings einlassen. Es geht um die „Ehre".

Ehre ist ein wirklich doppeldeutiges Wort. „Ehre" kann – auch in uralten Geschichten – das meinen, was andere von mir halten, „Image", Prestige", und für diese vermutete Außenwahrnehmung sind Menschen zu Tausenden sinnlos in den Tod gegangen oder haben Tod über andere gebracht – bis heute in der Form der „Ehrenmorde". Aber Ehre kann auch das bedeuten, was wir heute vielleicht Selbstachtung nennen würden. Es gibt Herausforderungen, denen ich nicht ausweichen kann, ohne meine Selbstachtung zu verlieren. Mir erging es so beim Tod meines Vaters. Es war das erste Mal, dass ich dabei war beim Sterben eines Menschen, ich hatte Angst davor und hätte mich gern gedrückt – aber ich wusste, das hätte ich mir nie verzeihen können.

Als einziger Ritter nimmt Gawain die Herausforderung an, nicht aus Abenteuerlust, sondern um die Ehre der Gruppe zu retten und um seinen König zu schützen. Eine Vorlage für diese „Kopf-ab-Wette" wurde einige Jahrhunderte früher in Irland erzählt. Drei große Helden an einem Königshof streiten, wer von ihnen der Größte sei, ein unheimlicher Besucher tritt auf mit der gleichen Wette, die auch der Grüne vorschlägt. Zwei der drei Helden weichen aus, aber Cuchulainn, der altirische Supermann, nimmt sie ohne Zögern an: Nicht schlimm, Kopf und Leben zu verlieren, wenn dafür klar ist, dass man der wahre Held ist.

Gawain ist ein „modernerer" Held, wie auch die hochmittelalterlichen Lebensvorstellungen nicht mehr so archaisch schlicht waren wie die der frühmittelalterlichen Kriegerkasten. Er nimmt die Herausforderung an, auch wenn ihm nicht wohl ist dabei. Gerade so zeigt er seine Tapferkeit, denn Tapferkeit bedeutet nicht, keine Angst zu haben – das ist oft nur Dummheit –, sondern die Angst zu überwinden.

Der Rest des schaurigen Geschehens in der Silvesternacht spricht für sich. Bleibt nur die Frage, wie Gawain sich nun verhalten wird. Wird er die Wette einlösen? Wird er sie verdrängen? Sich verstecken? Sich eine List ausdenken, um der Falle zu entkommen? Sicher nicht, denn Gawain ist ein Ritter; er wird zu dem Wort und der Wette stehen, Kopf um Kopf. Meister Eckart, der große Tiefendenker des 14. Jahrhunderts, der selbst aus dem Rittertum stammte und dessen „mystische" Gedanken nicht zuletzt in ritterlichen Wertvorstellungen wurzeln, beschrieb das falsche Leben als „Kaufmannschaft". Er meinte damit nicht den aufstrebenden bürgerlichen Stand, sondern ein Leben nach der Maxime „Was hab ich davon?", berechnend, kalkulierend. Ritterlich hingegen war, der Ehre zu folgen und das Leben nicht als Geschäft zu sehen, sondern als Abenteuer. Gawain wird dieses Abenteuer wagen.

*Das neue Jahr verging. An Allerheiligen, als die dunkle Zeit begann, brach Gawain auf, um die Grüne Kapelle zu suchen. Als er vom König und der Tafelrunde Abschied nahm, wollten die Gefährten ihn trösten und die Damen des Hofes klagten um ihn. Aber Gawain wollte nichts davon hören. „Einem Mann kann nicht mehr begegnen, als ihm bestimmt ist!", rief er wieder, sprang auf sein Pferd und preschte davon.*

*Einsam ritt er nach Norden, auf schlammigen Wegen durch Wildnis und Winter. Aber wo er auch fragte, niemand wusste den Weg zur Grünen Kapelle. Also zog er weiter durch Regen und Schnee, Nässe und Kälte, nur seinen dunklen Ahnungen folgend. Am Weihnachtsabend hatte er sich in einen schwarzen Tannenwald verirrt, da betete er: „Herr Christus, der du in dieser Nacht in unsere Welt gekommen bist, Maria, hohe Frau, du Stern in der Dunkelheit und immer offene Tür zum Himmel. Ich bitte euch: Weist mir den Weg zu einer Unterkunft, dass ich euer Fest noch einmal feiern kann."*

*Und wie er aufblickte, fand er sich unversehens vor einer mächtigen Burg mitten in der Einöde. Der Burgherr, ein riesenhafter Mann, hieß ihn freundlich willkommen, noch herzlicher begrüßte ihn seine wunderschöne Frau, ihr Name war Melvina. Und als sie von Grund und Ziel seiner Reise hörten, sagte der Burgherr: „Die Grüne Kapelle liegt in einem kleinen Tal ganz in der Nähe, in wenigen Stunden könnt Ihr sie erreichen. Darum bleibt die letzten Tage des Jahres bei uns und seid unser Gast."*

*Und Gawain blieb. Er bezauberte und ließ sich bezaubern. Gern schenkte er diese letzten Tage des Jahres und wohl auch seines Lebens dem gastfreundlichen Burgherrn und der reizenden Melvina. Als sie vier Tage vor dem Jahresende abends am Kamin beim Glühwein saßen, sagte der Burgherr: „Ich will morgen hinaus auf die Jagd, seid so gut, Herr Gawain, und bleibt zu Melvinas Schutz in der Burg." Gawain war das recht, da rief der Burgherr gut gelaunt: „Schließen wir einen Pakt! Alles, was ich draußen jage, das soll Euch gehören. Und alles, was Ihr hier drinnen erbeutet, das gehört mir!" Und lachend stießen sie darauf an.*

Gawain bricht auf und sucht die Grüne Kapelle, offenkundig auch einen Ort der Anderswelt, allen fremd und unbekannt. In der Weihnachtsnacht bringt ihn sein Gebet vor eine Burg mitten in der Einöde, auch dies wohl keine gewöhnliche Festung. Der riesenhafte Burgherr – und jeden geübten Zuhörer erinnert dieses Wort an den riesenhaften Grünen Ritter – nimmt ihn auf, und mit dem Erscheinen seiner wunderschönen Frau ahnen wir schon die nächsten Verwicklungen. Durch die seltsame Wette um die jeweilige Tagesbeute wird dieser Eindruck noch verstärkt. Nun hat sich Gawain schon auf zwei mehr als merkwürdige Wetten eingelassen. Diese Wetten sind kein Spiel, sondern Ehrenhandel und unbedingt bindende Verpflichtung.

*Am nächsten Morgen zog der Burgherr mit seinem Jagdgefolge los und Gawain verbrachte einen heiteren Tag an Melvinas Seite. Als es*

Abend wurde, sagte sie zu ihm: „Ach, Herr Gawain, Ihr müsst mich wohl sehr hässlich finden!"

„Aber nein! Wie kommt Ihr darauf?", rief Gawain ganz erschrocken.

„Noch nie", sagte sie, „hat ein Ritter den Tag mit mir verbracht, ohne mich um einen Kuss zu bitten."

„Dann bitte auch ich um diese Gunst", sagte Gawain lächelnd und da küsste sie ihn sanft auf die Wange.

Bald darauf kam der Burgherr heim und breitete seine Beute vor Gawain aus: Hirsche und Rehe, Hasen und Schnepfen: „Das alles gehört Euch!"

„Habt Dank!", sagte Gawain, dann gab er dem Burgherrn einen Kuss auf die Wange.

Der lachte leise: „Viel habt Ihr ja nicht erbeutet, lieber Freund!"

Auch am nächsten Tag ging der Burgherr auf die Jagd und Gawain blieb bei Melvina. Als es dunkel wurde, nahm sie ihn bei der Hand und zog ihn in eine Nische: „Ach, Herr Gawain", klagte sie, „Ihr mögt mich nicht, warum sonst wollt Ihr keinen Kuss von mir? Oder gehört Euer Herz schon einer anderen?"

Nein, meinte Gawain, sein Herz sei noch frei. Und da küsste sie ihn zärtlich auf beide Wangen.

Der Burgherr brachte am Abend einen riesigen Eber heim und Gawain gab ihm zwei Küsse, auf jede Wange einen.

Auch am dritten, dem Silvestertag, brach der Burgherr mit seinen Männern in aller Frühe auf. Gawain lag noch im Bett. Da ging leise die Tür seiner Kammer auf, Melvina schlüpfte hinein und setzte sich auf die Bettkante: „Küss mich, mein schöner Ritter", flüsterte sie, „und halt mich fest! Vielleicht bist du morgen schon tot und kannst nie wieder eine Frau umarmen."

Gawain sah das Verlangen in ihren Augen und er spürte das seine, doch er blieb standhaft: „Vergebt mir, wenn ich Euch zurückweise", sagte er, „aber es wäre ein schlechter Lohn für die Gastfreundschaft Eures Mannes. Und gerade wenn ich morgen sterben muss, will ich nicht noch heute meine Ehre verlieren und ehrlos enden!"

„Nein, ehrlos bist du nicht, Gawain", seufzte Melvina da, „wohl aber herzlos!" Sie zog einen schmalen Goldring von ihrem Finger: „Nimm diesen Ring, er wird dich an meine Liebe erinnern!"

*„Nein, das kann ich nicht", sagte Gawain. „Ein Ring ist wie ein Versprechen, doch ich kann weder Eure Liebe annehmen noch Euch meine Liebe versprechen."*

*Da zog Melvina aus ihrem Mieder ein grünes Band. „Wenn du meine Liebe nicht willst und nicht meinen Ring, so nimm diesen Gürtel. Er kann dein Leben retten. Auf ihm liegt ein Zauber, wer ihn trägt, wird unverwundbar." Sie drückte Gawain das Band in die Hand, küsste ihn dreimal voll Leidenschaft auf die Lippen und lief aus dem Zimmer.*

*Erst spät in der Nacht kam der Burgherr heim, missmutig warf er einen räudigen mageren Fuchs auf den Boden. „Das ist die ganze Beute eines langen Tages", knurrte er.*

*Da gab Gawain ihm drei Küsse. „Seht Ihr, Eure Beute wird magerer von Tag zu Tag und meine wird mehr und mehr!" Doch von dem Gürtel in seiner Tasche sagte er nichts.*

Drei Mal wird Gawain in Versuchung geführt. Märchentypisch, aber auch die Versuchung Jesu mag uns einfallen (Matthäus 4,1ff.). Nur ist der Versucher hier nicht der Teufel, sondern eine Frau. Das ist eine angstvolle Männerfantasie, die sich in beinahe allen Heldensagen findet, aber oft auch in sich sehr fromm gebenden Weltdeutungen: die Frau, die ewige Eva, als Gefahr für den Mann, als Inbegriff der Verführung. In einer anderen mittelalterlichen Geschichte („Die Hochzeit des Sir Gawain", vgl. Heinrich Dickerhoff, Und webte etwas, das niemals stirbt, Königsfurt 2006), die an Gawains Abenteuer mit dem Grünen Ritter anknüpft und es abrundet, wird er noch lernen, mit dieser Dämonisierung des Weiblichen fertig zu werden und die Frauen zu respektieren – das war ja der Kern der Minneidee. Hier aber spielt Melvina noch die Rolle der Verführerin. Doch Gawain verhält sich sehr ehrenhaft. Dass Ehre bei ihm Selbstachtung ist und nicht Außenbild, sieht man an seiner Weigerung, am wohl letzten Lebenstag etwas zu tun, was zwar Genuss bedeutet, aber ihm Unrecht erscheint.

Und doch hat er ein wenig betrogen – auch wenn ich gewiss kein Recht habe, ihm das vorzuwerfen. Er behält mit dem Gürtel einen Teil seines Tagesgewinns, um so vielleicht sein Leben zu retten. Wird ihn das schützen? Ist der Gürtel mehr als fauler Zauber?

*Am Neujahrsmorgen nahm Gawain Abschied von seinen Gastgebern, er sah Melvina kaum an, doch ihren Gürtel, den trug er. Ein Knappe brachte ihn zum Tal der Grünen Kapelle. „Kehrt um, Herr Gawain", sagte der Junge, „solang' Ihr noch könnt. Noch keiner ist aus diesem Tal zurückgekommen. Reitet heim und vergesst den Grünen Ritter. Ich wird' es gewiss keinem Menschen verraten!"*

*Aber Gawain schüttelte traurig lächelnd den Kopf und ritt allein weiter. Das Tal wurde immer enger und tiefer, es war unheimlich still. Im Talgrund fand er ein Gewölbe, halb zerfallen und ganz überwuchert vom Grün. Gawain stieg vom Pferd – niemand war zu sehen. Da hört er über sich am Hügelhang ein Schrillen und Schleifen: Jemand schärft eine Axt. „Ich, Gawain, Ritter der Tafelrunde, bin gekommen, mein Versprechen einzulösen", ruft er.*

*„Wartet!", hallt es zurück, erneut schrillt die Axt auf dem Schleifstein. Dann plötzlich steht der Grüne Ritter neben ihm, die Streitaxt in der Hand.*

*Schweigend kniet Gawain nieder und beugt seinen Nacken. Seine Lippen formen lautlos ein Gebet: „Bitte für uns Sünder jetzt und in der Stunde unseres Todes!", dann saust die Axt herab, aber Gawain zuckt zusammen und der Hieb geht vorbei.*

*„Herr Gawain, Ihr seid ein Feigling!", spottet der Grüne Ritter.*

*„Ihr habt gut reden", sagt Gawain, „ich kann meinen Kopf nicht aufheben und gehen. Aber seid gewiss, ich weiche Euch nicht wieder aus!"*

*Erneut hebt der Grüne die Streitaxt, zum zweiten Mal saust sie herab, diesmal rührt Gawain sich nicht, aber der Grüne reißt die Axt im letzten Augenblick wieder hoch. „Ja, das war schon besser", sagt er, „aber jetzt nehmt noch diese Kappe ab, die Artus Euch schenkte, und beugt Euch etwas tiefer, dass ich gut treffen kann."*

*„Schlagt endlich zu", ruft Gawain, „und macht dem bösen Spiel ein Ende!"*

*„Also gut, jetzt sollt Ihr bekommen, was Euch zusteht!"*

*Zum dritten Mal lässt der Grüne die Streitaxt niedersausen, diesmal trifft er, aber die Schneide streift nur Gawains Hals und zieht einen feinen blutigen Strich durch seine Haut. Da springt Gawain auf und zieht sein Schwert: „Genug ist genug – Ihr habt Euren Schlag gehabt, wir sind quitt. Wenn Ihr noch einmal zuschlagen wollt, so müsst Ihr kämpfen!“*

*Doch der andere lehnt sich gelassen auf seine Axt und lächelt. „Nicht so hitzig, junger Herr. Ihr habt den Schlag bekommen, der Euch gebührt, mehr will ich nicht von Euch. Zweimal habe ich nur zum Schein zugeschlagen, denn zweimal habt Ihr Euer Wort gehalten und mir zurückgegeben, was meine Frau Euch schenkte. Beim dritten Mal aber habt Ihr ein wenig gefehlt und dafür habe ich Euch gezeichnet. Denn Ihr tragt den Gürtel, den Melvina Euch gab. Ich weiß um alles, was zwischen Euch war, denn ich habe sie zu Euch geschickt mit all den Küssen und Versuchungen. Doch Ihr, Herr Gawain, seid unter den Rittern wie eine Perle unter weißen Erbsen. Euren Mut und Eure Ehre wollte ich erproben und Ihr habt die Prüfung bestanden, wenn auch nicht ganz ohne Fehler. Doch habt Ihr nicht aus Bosheit oder Lust gefehlt, sondern weil Ihr Euer Leben liebt. Und wer sollte Euch dafür tadeln.“*

*Aber Gawain steht da blutrot vor Scham. „Schande über mich!“, sagt er. „Furcht und Verlangen haben mich ehrlos gemacht!“*

*Er bindet den Gürtel ab und reicht ihn dem Grünen Ritter, doch der will ihn nicht zurück: „Behaltet den Gürtel – nicht weil er Zauberkraft hätte, sondern zur Erinnerung. Und nun kommt, seid noch einmal mein Gast.“*

*Gawain lehnte die Einladung ab, aber den Gürtel, den behielt er. Und er knotete ihn an seinen Arm zur Erinnerung an seine Schwäche. Dann eilte er heim nach Süden und er traf den König schon in Carlisle, denn der war ihm mit dem ganzen Hof nach Norden entgegengezogen. Und Gawain erzählte dem König und den Gefährten von seinem Abenteuer und von seinem Versagen. Aber keiner tadelte ihn dafür, vielmehr drückte Artus ihn an sein Herz. „Du hast einen großen Sieg errungen!“, sagte er. Und die Ritter der Tafelrunde beschlossen, von nun an auch ein grünes Band zu tragen zum Zeichen und zur Erinnerung, dass keiner, auch nicht der beste Ritter, ohne Schwäche ist.*

Gawains Geschichte ist mir ans Herz gewachsen. Er versucht bei aller Angst, sich treu zu bleiben, und das dramatische Finale findet dann auch ein gutes Ende. Der Grüne ist keineswegs ein grausamer Unhold und teuflischer Feind, er respektiert Gawain und auch dessen kleine Schwäche. Aber Gawain ist strenger mit sich selbst als der Herausforderer, und er kehrt heim mit dem grünen Band am Arm – zum Zeichen für seine Schwäche.

Artus freilich lobt ihn für seinen großen Sieg. Wie die alten Philosophen haben auch die Vordenker der Ritterlichkeit immer gewusst, dass der größte und schwerste Sieg der über sich selbst ist. Gawain hat nicht das Bedürfnis, sich oder anderen Fehlerlosigkeit vorzumachen. Gerade diese Ehrlichkeit setzt etwas frei; die anderen Ritter tadeln ihn nicht, sondern solidarisieren sich mit seinem Versagen und tragen in Zukunft das grüne Band der menschlichen Unvollkommenheit.

Hier zeigt sich sehr deutlich der verinnerlichte Einfluss des Christentums. In vorchristlichen griechischen oder keltischen Heldensagen und noch im doch eher oberflächlich christianisierten Nibelungenlied gibt es keine Vergebung. Wo die Ehre verletzt erscheint, wo der Held vor anderen das Gesicht zu verlieren droht, da kann diese Schmach nur mit Blut abgewaschen werden. Gawain aber zeigt einen Menschen, der Ehre anders, innerlicher und persönlicher versteht, als Frage der eigenen Gewissenhaftigkeit und Selbstachtung, und der doch weiß, dass jedes Leben auf Vergebung angewiesen ist.

Für mich ist das grüne Band die notwendige Ergänzung des Bildes von der Krone. Je mehr ich meine Krone spüre, je mehr ich um die mir geschenkte, zugefallene, angeborene und nicht verdiente Würde der Königskinder weiß, umso mehr kann ich auch dazu stehen, dass ich Schwächen habe und immer wieder versagen werde. Christsein heißt leben mit Krone und grünem Band, hochgemut und demütig, in Sünde lebend und doch berufen, heilig zu sein als Spiegel des Himmels.

*9. Kapitel*

## Lebensmeister und Tagelöhner
*oder:*
## Von Weisheit und gelassenem Leben

Leben dürfen und leben können mit Krone und grünem Band – wenn mir das manchmal gelingt, erfahre ich eine Gelassenheit, die viel zu tun hat mit der Hoffnung und der Sicherheit, die mir der Glauben gibt. Mit zwei Märchen möchte ich von dieser rechten Gelassenheit erzählen. Beide Märchen stammen aus Asien, beide sind keine Zaubermärchen, sondern gehören zu der Art Geschichten, die ich Weisheitsmärchen nenne, wohl wissend, dass es diesen Ausdruck in der wissenschaftlichen Literatur nicht gibt. Solche Geschichten leben mehr von der überraschenden Pointe als von der Tiefe ihrer Bilder. In die geheimnisvolle Bilderwelt und Bildersprache der Zaubermärchen kann und muss ich eintauchen wie in einen Traum, und ihre Bilder können mir immer neu aufgehen. Weisheitsmärchen sind verglichen damit weniger tiefgründig, aber ihre Botschaft erschließt sich unmittelbar – das ist ihre Stärke und natürlich zugleich auch ihre Schwäche.

Dennoch sind Weisheitsmärchen wie die beiden hier angeführten wirkliche Märchen und keine erbaulichen oder ermahnenden Lehrgeschichten, weil sie keinerlei erzieherische Absicht haben, nicht „von oben herab" belehren, sondern mich als Erzähler wie die Zuhörenden mitnehmen auf einen Weg. Ein wesentliches Merkmal der Zaubermärchen allerdings fehlt den Weisheitsmärchen: eben der Zauber, das Wunder, die Berührung mit der Anderswelt. Aber eigentlich fehlt das Wunder doch nicht, nur wird es nicht in zauberischen Orten und Gestalten gezeigt, sondern es liegt in den Handelnden. Sie sind das Wunder und zugleich die Einladung, etwas von dieser wunderbaren Lebenshaltung anzunehmen.

Die beiden hier angeführten Märchen unterscheiden sich und ergänzen sich doch; das eine erzählt von einem Großmeister seiner Kunst, das andere von einem Tagelöhner, der von der Hand in den Mund leben muss und doch das Leben meistert. Das erste Märchen stammt aus Japan und ist eine der zahlreichen Geschichten, die sich um Tsukahara Bokuden ranken. Er lebte von 1489 bis 1571 und gilt bis heute als größter Schwertmeister Japans. So wie der allerdings fiktive Robin Hood für uns Inbegriff des vollkommenen Bogenschützen ist, so ist Bokuden der ideale Schwertkämpfer, der bis ins hohe Alter nie einen Kampf verlor und dennoch einen Widerwillen hatte gegen den raschen und unbedachten Gebrauch der Waffe.

### *Der Schwertmeister*

*Tsukahara Bokuden war ein Schwertmeister, ein berühmter Lehrer in der Kunst des Schwertkampfs. Einmal fuhr Bokuden mit einem Fährboot über den Biwa-See und unter denen, die die gleiche Reise machten, war auch ein Samurai. Grimmig sah er aus und stolz und so laut, dass keiner es überhören konnte, tat er kund, wie gewandt er mit dem Schwert sei, einer der Besten, unbesiegt in zahllosen Zweikämpfen, ein wahrer Meister. Die Leute hingen voll Bewunderung an seinen Lippen, nur Bokuden stand abseits und träumte vor sich hin, so als ginge ihn das alles gar nichts an.*

*Das ärgerte den Samurai, er ging hinüber zu Bokuden und stieß ihn an: „He Ihr, Ihr tragt doch auch zwei Schwerter. Warum sagt Ihr denn nichts dazu?“*

*Bokuden blieb ganz ruhig. „Mein Herr“, sagte er, „meine Kunst ist nicht Eure Kunst. Meine Kunst ist nicht, andere zu besiegen, meine Kunst ist, selbst nicht besiegt zu werden.“*

*„So, so“, brummte der Samurai, „ja, zu welcher Schule gehört Ihr denn?“*

*Bokuden lächelte: „Zur Ohne-Schwert-Schule.“*

*„Ohne-Schwert-Schule? Nie gehört. Aber warum tragt Ihr dann ein Schwert?“*

*„Das Schwert verpflichtet mich zur Tapferkeit, nicht zum Töten."*

*„Dummes Geschwätz", spottete der Samurai, „oder wollte Ihr behaupten, Meister der Ohne-Schwert-Schule, Ihr würdet es wagen, gegen mich anzutreten ohne Euer Schwert?"*

*„Nun, wenn es sein muss, warum nicht?"*

*Da lachte der Samurai und er rief dem Fährmann zu, er solle sofort am Ufer anlegen, es gäbe einen Zweikampf. Aber Bokuden schlug vor, doch lieber eine nahe gelegene Sandbank im See anzusteuern. „Denn wenn wir am Ufer kämpfen", sagte er, „könnten Menschen neugierig zusammenlaufen und in der Hitze des Gefechtes zu Schaden kommen."*

*Ja gut, das war dem Samurai alles gleich.*

*Der Fährmann stakte also das Boot an die Sandbank heran, der Samurai sprang an Land, riss sein Schwert aus der Scheide und ließ die blitzende Klinge wirbeln: „Nun komm schon, du Meister der Ohne-Schwert-Schule!"*

*Bokuden löste seelenruhig seinen Schwertgurt, übergab ihn dem Fährmann, nahm dem die Ruderstange aus der Hand, stemmte sie gegen das Ufer und stieß das Boot ab, sodass es wieder auf den See hinausglitt, fort von der Sandbank und dem verblüfften Samurai.*

*Der stand nur da und starrte der Fähre nach mit offenem Mund. Bokuden aber winkte ihm zu und rief lächelnd: „Seht Ihr, das ist meine Ohne-Schwert-Schule!"*

Die Geschichte ist, auch wenn die Zuhörenden am Ende meist erst lachen, kein Schwank und auch keines jener zahllosen Märchen, in denen der Kleinere und Schwächere sich mit List aus der Bedrohung durch einen überlegenen Gegner befreit. Der Samurai ist für Bokuden keine ernsthafte Gefahr. Der berühmte Schwertmeister hätte – historisch und mehr noch in der stilisierten Überlieferung – den großspurigen Gegner mit einer Hand oder mit verbundenen Augen besiegen können. Aber damit hätte er zugleich gegen sich selbst verloren, wäre besiegt worden vom eigenen Ehrgeiz, vom Wunsch, sich und anderen zu beweisen, wie gut er ist. Bokuden aber als wahrer Meister seiner

Kunst weiß, dass man die eigene Meisterschaft nur einsetzen darf, wenn es sinnvoll ist.

Bokuden ist souverän. Ob der Samurai und die anderen Fahrgäste auf der Fähre ihn für einen „Drückeberger" halten, ist im gleich. Er ruht in sich, er handelt nach seinen Regeln und lässt sich nicht von anderen die Regeln diktieren. Er lebt vor, was der Satz aus der Bergpredigt meint, der uns im Namen Jesu überliefert ist: „Wenn dich einer auf die rechte Wange schlägt, dann halte ihm auch die andere hin" (Matthäus 5,39).

In diesem Satz geht es ja nicht einfach darum, widerstandslos jegliche Gewalt zu ertragen. Der Schlag auf die rechte Wange des Gegenübers ist – bei Rechtshändern – nicht die Züchtigung mit der flachen Hand, die man Kindern und Untergebenen gab, sondern der Schlag mit dem Handrücken (in späteren Zeiten nahm man dazu auch gern den Handschuh), der den anderen herausfordert zum Duell. Aber anders als die Herausforderung durch den Grünen Ritter ist die Herausforderung durch einen „Laut-Sprecher" wie den Samurai nur ein dummes Spiel und Bokuden bleibt sein „eigener Steuermann", er spielt nach den von ihm als richtig erkannten Regeln, er lässt den Samurai nicht zum Regisseur, zum „director" seines Lebens und Handelns werden. Genau diese Souveränität mutet Jesus denen zu, die um die Königskindschaft aller Menschen wissen.

Ich bin kein Schwertkämpfer und leider nicht so souverän wie Bokuden. Meine Waffen sind eher Wissen und Wortgewandtheit und meine „Meisterschaft" ist die Theologie, auch wenn man mir, wie man mir sagt, das nicht ansieht. Früher ist es nicht selten vorgekommen, dass ich mich von theologisch-akademischen Samurais habe provozieren lassen und denen, die sich mit ihren Kenntnissen brüsteten, aber nicht wussten, dass sie einen geschulten Gegner vor sich hatten, einen argumentativen Gnadenstoß versetzt habe. Das ist außerhalb abgeschlossener universitär-akademischer Zirkel oft erschreckend leicht. Aber wenn das gelungen war, so verging mir das Triumphgefühl rasch. Ich hatte meine Kunst missbraucht. Mit meinem Wissen und meinen Begabungen muss ich genauso zurückhaltend sein wie Bokuden mit dem Schwert; wer seine Kunst, was immer sie auch sei, nicht einsetzt, um der Wahrheit oder dem Leben zu dienen, sondern nur um gut dazustehen, der ist kein Meister, dessen Seele ist noch lange nicht reif.

In meiner Tasche trage ich fast immer einen Ring in Form einer Krone. Heute erinnert er mich meist (leider noch nicht immer) an die Souveränität der Königskinder Gottes; ich muss mich niemandem beweisen!

Aber der Vergleich mit einem Meister ist natürlich nur die halbe Wahrheit. Ich bin genauso sehr ein Tagelöhner, einer, der nie wirklich weiß und wissen kann, was der nächste Tag bringt, wie es im Buch Hiob (7,1) schon heißt:

*Ist nicht Kampf das Los des Menschen auf Erden?*
*Sind seine Tage nicht die eines Tagelöhners?*

Ein Tagelöhner ist kein Meister seines Faches, sondern ein kleiner Handwerker, der sich von Tag zu Tag durchs Leben schlägt, sich „abarbeitet" an der Welt, immer am Rande des Existenzminimums, immer im Wissen um die Vergänglichkeit und Vergeblichkeit des Daseins. Ohne die bittere soziale Realität dieses Schicksals zu vergessen, ist der Tagelöhner doch auch ein Bild für den seinem Wesen nach ungeborgen lebenden Menschen.

Die Märchen zeigen uns sehr unterschiedliche Tagelöhner-Existenzen: Manche verkaufen vor lauter Verzweiflung sich selbst, ihre Kinder und ihre Seele an den Teufel; andere aber werden uns beschrieben als wahre Lebensmeister gerade im Wissen um die Vorläufigkeit all ihrer Planungen und Sicherheiten, als Gelegenheitsarbeiter, die die ihnen gegebene kurze Zeit meisterlich zu nutzen wissen.

Von einem solchen meisterlichen Tagelöhner handelt

auch das folgende jüdische Märchen, das unter den Juden Afghanistans erzählt wurde. Es gibt zahlreiche Varianten zu dieser Geschichte, manche sind reine Schwänke, diese jüdische Erzählung aber ist voll tiefer und geradezu biblischer Lebensweisheit.

*Morgen ist morgen*

*Da war einmal ein guter und gerechter König, der ging oft in Verkleidung und unerkannt durch die Straßen seiner Hauptstadt, um zu erfahren, was die Leute wirklich dachten. So war er einmal bis vor die Tore der Stadt gekommen und es war schon dunkel geworden, da sah er noch Licht in einer armen Hütte. Er schaute durchs Fenster und erblickte einen Juden, der sprach gerade den Segen über sein kärgliches Abendbrot. Der König klopfte an die Tür: „Ist es gestattet einzutreten?"*

*„Nur herein", sagte der Jude, „setz dich zu mir, was für einen reicht, reicht auch für zwei." Als sie so beieinandersaßen und miteinander aßen, fragte der unerkannte König: „Wovon lebst du?"*

*„Ich bin Flickschuster", sagte der Jude. „Jeden Morgen gehe ich mit meinem Werkzeugkasten durch die Stadt und die Leute bringen mir ihre Schuhe auf die Straße."*

*„Und was ist, wenn du morgen keine Arbeit findest?", fragte der König.*

*„Morgen?", sagte der Flickschuster. „Morgen ist morgen. Gott sei gesegnet Tag um Tag."*

*Doch als der Schuster am nächsten Tag in die Stadt kam, da standen an allen Ecken und auf den Plätzen Soldaten, die riefen: „Befehl des Königs! Befehl des Königs! In dieser Woche ist es verboten, Schuhe zu flicken auf den Straßen der Stadt!"*

*„Seltsam", dachte der Schuster, „seit wann machen Könige sich Gedanken über Flickschuster? Aber gut, dann werde ich Wasser in die Häuser tragen. Wasser brauchen die Leute jeden Tag."*

*Das tat er und am Abend hatte er so viel verdient, dass es zu einer Mahlzeit reichte. Sogar zu einer Mahlzeit für zwei, denn wieder kam – unerkannt – der König zu ihm.*

„Ich habe mir Sorgen um dich gemacht", sagte er. „Wie hast du denn heute dein Brot verdient trotz des königlichen Verbotes?"

Der Schuster erzählte es ihm. „Und was ist, wenn du morgen keine Arbeit findest?" – „Morgen?", sagte der Schuster. „Morgen ist morgen. Gott sei gesegnet Tag um Tag."

Doch am nächsten Morgen hörte er schon vor dem Stadttor die Soldaten rufen: „Befehl des Königs! Befehl des Königs! In dieser Woche ist es verboten, Wasser zu tragen durch die Straßen der Stadt ohne königliche Sondererlaubnis!"

„Seltsam", dachte der Schuster, „was doch die Könige für Einfälle haben. Nun gut, dann werde ich Brennholz hacken und in die Häuser bringen."

Und er holte seine Axt und hatte am Abend genug verdient für eine Mahlzeit für sich und seinen unbekannten Gast, der ihn beim Essen wieder fragte: „Und was ist, wenn du morgen keine Arbeit findest?"

„Morgen?", sagte der Schuster. „Morgen ist morgen. Gott sei gesegnet Tag um Tag."

Doch als der Schuster am nächsten Morgen ins Stadttor trat, rief ihn der Hauptmann der Wache an: „Du da mit der Axt. Befehl des Königs: Jeder, der heute mit einer Waffe die Stadt betritt, wird eingezogen, um im Palast des Königs Wache zu stehen. Bring deine Axt heim. Der König leiht dir dieses Schwert." Und mit dem Schwert musste der Schuster den ganzen Tag Wache stehen und verdiente nicht einen Dinar.

Abends ging er auf dem Heimweg zum Krämer und sagte: „Freund, ich habe heute nicht einen Dinar verdient und ich rechne mit einem Gast. Gib mir, was ich zum Abendbrot brauche, und nimm dafür das hier" – und er zog das königliche Schwert aus der Scheide – „als Pfand". Zu Hause ging er gleich in seine kleine Werkstatt, schnitt sich ein Schwert aus Holz zurecht und steckte das in die Scheide.

Als der König kam und den gedeckten Tisch sah, wunderte er sich sehr. Da zeigte der Schuster ihm schmunzelnd das hölzerne Schwert.

„Aber was ist, wenn sich der Hauptmann morgen das Schwert zeigen lässt?"

*„Morgen?", sagte der Schuster. „Morgen ist morgen. Gott sei gesegnet Tag um Tag."*

*Aber als der Schuster am andern Morgen zum Palast kam, wartete der Hauptmann schon auf ihn und er zog einen Mann in Ketten hinter sich her: „He, du da. Komm her! Der hier ist ein Mörder. Du sollst ihm auf der Stelle den Kopf abschlagen!"*

*Der Schuster erschrak. „Das kann ich nicht und will ich nicht!", rief er. „Das kannst du nicht von mir verlangen!"*

*„Oh doch, das kann ich", sagte der Hauptmann, „es ist ein Befehl des Königs."*

*Angelockt durch den Streit strömten viele Neugierige zusammen. Der Schuster sah in die Augen des Verurteilten. Es waren gute Augen. Das war kein Mörder! Dann schaute er auf zum Himmel und rief mit lauter Stimme:*

*„Gott des Himmels und der Erde, du Herr über Leben und Tod! Wenn dieser Mann ein Mörder ist, so soll ihm mein Schwert den Kopf abschlagen. Doch wenn er unschuldig ist, dann verwandle du den scharfen Stahl meiner Klinge in Holz!" Und er zog das Schwert aus der Scheide, reckte es zum Himmel – und alle sahen: Es war zu Holz geworden.*

*Da brach ein unbeschreiblicher Jubel aus, die Menge lobte Gott und im gleichen Augenblick kam der König herab aus dem Palast in den Hof, ging auf den Schuster zu, gab sich ihm zu erkennen, umarmte ihn und sprach: „Von heute an sollst du mein erster Ratgeber sein!"*

Der Schuster verkörpert eindeutig eine Gelassenheit im Leben, die nichts zu tun hat mit einer lässig-nachlässigen Lebenseinstellung. Weder macht er sich verrückt mit der Frage „Was soll nur werden?" noch drückt er sich vor seiner Verantwortung mit dem Klage-Satz „Man kann doch nichts machen!". Der Schuster lebt auch nicht in den Tag hinein in der Erwartung, dass andere im Ernstfall für seine Zukunft aufkommen. Er konzentriert sich auf die hier und heute anstehenden Herausforderungen, auf das hier und heute Mögliche und Notwendige.

Gerade weil es so unmittelbar ansprechend ist, erzähle

ich dieses Märchen gern jungen Leuten, etwa bei der Abiturverleihung, die sich zwischen Mut und Bangen nach den nächsten Schritten ins Leben fragen. Ich erzähle es gern und oft bei Alten oder Krebskranken, die um die Begrenztheit der ihnen geblieben Zeit wissen. Und immer wieder erlebe ich, dass das Märchen in den Zuhörenden Energien wachruft, die in ihnen schlummern, weil das Märchen nicht Sinn importiert in das Leben der Zuhörenden, sondern die in ihnen verborgenen Sinn-Reserven aufspürt und zutage fördert.

Das Weisheitsmärchen braucht keine tiefgründige Deutung, es spricht für sich und ist doch nicht banal. Nichts lähmt uns so wie die Angst und nichts befreit uns so von der Angst wie das Vertrauen, dass das Leben, auch mein Leben, einen guten Grund hat. Das ist allerdings leichter gesagt als gelebt. Doch die Märchen können uns immer wieder daran erinnern und darin bestärken.

Ich wünsche mir und allen Menschen die dem Schuster eigene Mischung aus Gottvertrauen und Geistesgegenwart. Je weniger uns die Angst vor der unbekannten Zukunft lähmt, desto mehr wird uns einfallen, wenn sie zur erkennbaren gegenwärtigen Herausforderung wird. Der Flickschuster weiß, dass all unser Bemühen um ein gelingendes Leben und eine bessere Welt Flickschusterei bleibt, aber es entmutigt ihn nicht.

Nun hat der Schuster freilich nicht einfach ein irgendwie namenloses „Urvertrauen", dessen Notwendigkeit für das Gelingen des Lebens die Psychologie betont, auch wenn sie es für eine hilfreiche Selbsttäuschung hält. Der Schuster benennt den Grund seines Vertrauens.

„Gott sei gesegnet Tag für Tag", sagt er in allen Krisen. Kann man Gott segnen? Ist es nicht Gott und seinen Stellvertretern vorbehalten zu segnen, während wir Menschen in der gängigen Kirchensprache ihn preisen? Aber das Wort „preisen" ist wirklich nur noch Kirchensprache. Wenn wir in unserer Alltagssprache etwas anpreisen, so ist sein Wert höchst fragwürdig und wir reden es schön. Im

Hebräischen aber bedeutet das üblicherweise mit „preisen“ übersetzte Wort „segnen“ wie auch noch das lateinische „benedicere“. Benedicere heißt „gut sagen“, „sagen: gut, dass es dich gibt“, und wer einen anderen segnet, sagt genau das: „Es ist ein Segen, dass es dich gibt!“

Der Schuster ist ein gesegneter Mensch und ein Mensch, der ein Segen ist, er ist voller Lebensbejahung, sein Gottvertrauen ist nicht Ersatz für die eigene Lebensanstrengung, sondern deren Grundlage und Antriebskraft. Sein Gottvertrauen ist weder pathetisch noch fanatisch, sondern mit Humor und Selbstironie getränkt, mit Chuzpe, wie das unübersetzbare jiddische Wort heißt, und durchaus zu Recht präsentiert er das vom ihm selbst geschnitzte Holzschwert als himmlisches Wunder, denn die wahren Wunder des Himmels sind oft genug die wunderbaren Erdenkinder. Der König hat gut daran getan, diesen Ratgeber in seinen Kronrat zu berufen.

Der Schwertmeister und der Flickschuster, beide ja keine Christen, verkörpern für mich die Gelassenheit der Königskinder Gottes. Ob und wie wirkungsvoll ich meine Krone spüre, zeigt sich in meiner Lebensgelassenheit. Denn an Tagen, an denen ich die Krone nicht nur weiß, sondern trage, gelingt es mir, etwas davon zu leben. Aber auch dann bleibt das grüne Band an meinem Arm, als Zeichen und als Erinnerung.

*10. Kapitel*

# Die Suche nach dem verborgenen Schatz
oder:
# Mit Märchen nach Gott fragen

Wir sind am Ende der märchenhaften Suche nach dem Geheimnis Gottes angekommen. Ich schließe mit einem Versuch, die Reise noch einmal zusammenzufassen, und mit einem Ausblick.

Für die Zusammenfassung greife ich nicht auf ein Märchen zurück, sondern auf jenen kleinen Teil der Bibel, den die meisten Christen noch inwendig können. Die Märchenerzähler unterscheiden zwischen dem nur auswendig und dem inwendig Gelernten – *learned by heart* nennt man das auf Englisch. Was ich mir so bewusst eingeprägt und verinnerlicht habe, das lebt ganz anders in mir als das, was ich vom Blatt lese. Zum nur Abgelesenen kann ich immer eine kritische Distanz bewahren. Aber als ich Psalmen so lernte, wie ich mir Märchen einpräge, da sprachen sie ganz anders zu mir als während meines Studiums in der historisch-kritischen Arbeit an ihren Texten.

Der biblische „Text" (schon das Wort ist zu distanziert), den die meisten Christen noch „aus dem Kopf" kennen, ist das Vaterunser. Mit fünf Jahren habe ich dieses Gebet auswendig gekonnt, gar nicht durch bewusstes Lernen, sondern durch häufiges Hören und Mitsprechen. Aber über den Sinn der so unbewusst auswendig gelernten Worte habe ich mir sehr lange gar keine Gedanken gemacht. Es dauerte noch viele Jahrzehnte, bis mir aufging, welche Schätze in diesem Gebet verborgen sind. Fünf silberne Sternensteine hat Jesus uns damit geschenkt, fünf märchenhafte Hinweise für das Gelingen der Lebensreise. Die in diesem Buch bedachten Märchen erzählen von den Erfahrungen und Lebensperspektiven, die im Vaterunser zu wenigen Sätzen verdichtet sind.

Da die übliche Übersetzung des Vaterunsers nicht ganz wortgetreu ist, zitiere ich zunächst noch einmal die wörtliche Übersetzung des griechischen Texts aus dem 6. Kapitel des Matthäusevangeliums:

*9 Unser Vater in den Himmeln!*
*Geheiligt werde dein Name.*
*10 Dein Reich komme.*
*Dein Wille geschehe wie im Himmel auch auf der Erde.*
*11 Das Brot, das wir brauchen, gib uns heute.*
*12 Und vergib uns unsre Schulden,*
*wie auch wir vergeben haben unsern Schuldnern.*
*13 Und führe uns nicht in Versuchung,*
*sondern erlöse uns von dem Bösen.*

Die ersten beiden märchenhaften Hinweise zum Glück, dass der Gottesglaube schenkt, finde ich in Vers 9. „Geheiligt werde dein Name", heißt es da. Heiligen, das bedeutet in Ehren halten, ernst nehmen, aber auch aufleuchten lassen. Was aber ist der Name Gottes? Die Antwort ist so einfach, dass ich es lange Zeit einfach übersehen habe. Es geht hier nicht um den sicher wichtigen geheimnisvollen Gottesnamen JHWH, gedeutet als „Ich bin (da)", der uns im brennenden Dornbusch aufleuchtete. Der Gottesname, den Jesus uns zeigt und zu dem er uns beruft, ist „Unser Vater". Darin liegt eine doppelte Erinnerung.

Ich bin ein Königskind! Ein Kind des einzig wahren Königs, kostbar und wertvoll, aber auch verantwortlich für meinen Auftrag. Das Bild des Königskindes durchzieht viele Märchen. In Märchen wie dem vom „Turm zu den Sternen", vom „Perlenlied" oder von „Gawain und dem Grünen Ritter" gibt das Wissen um die eigene Krone Mut und Kraft, den eigenen Weg zu gehen, in anderen wie dem vom „Lumpenkind" ist es ein Bild für unsere endgültige Bestimmung. Aber ob dieser Glaube an die Königskindschaft der Lichtstrahl ist, der auf mich fällt und mich ermutigt, unbekannte Wege zu wagen, oder eher ein ferner

Hoffnungsschimmer, der mich davor bewahrt, mich und mein Leben aufzugeben – immer ist es ein Glück für mich, wenn ich mich an meine Krone erinnern kann.

Aber noch eine zweite Weisung zum Glück liegt im Gottesnamen; es heißt nicht „Mein Vater", sondern „Unser Vater". Meine Königswürde macht mich nicht besser als die anderen, sondern gerade in meiner Königskindschaft, meiner Menschenwürde, kann ich sie als meine Geschwister anerkennen. Auch dies ist eine Wahrheit vieler Märchen: Ich muss meinen Wert nicht im Vergleich mit anderen und gegen sie behaupten, unser wahrer Wert trennt uns nicht, er verbindet uns. Wer eine „Sklavenseele" hat, der sieht im anderen den Rivalen, die Königstochter aber lässt sich, anders als die Dienerin, nicht von Neid und Missgunst bestimmen, sie erkennt im Mitmenschen, selbst wenn er gefangen ist, das verwandte Königskind. Und auch wenn dort das Königsbild fehlt: Als der junge Jäger seine Angst vor der Skelettfrau überwindet, da sieht er in ihr das verwandte Menschenkind, das viel zu früh ums Leben gebracht wurde, und seine Träne macht einen Neuanfang möglich.

Noch eine letzte Anmerkung zum Gottesnamen: Unser Vater in den Himmeln, heißt es im griechischen Urtext, nicht: im Himmel. Die Weisen alter Zeiten wussten, dass der Himmel, den wir sehen, nur ein Bild ist für die Unfassbarkeit Gottes, für die Unfassbarkeit der Himmel hinter den Himmeln, der Wirklichkeiten jenseits unserer Vorstellungskraft. Wenn sich in den Volksmärchen das unfassbare Wort „Gott" kaum einmal findet, so zeigt dies vielleicht auch den Respekt vor der letzten Wahrheit, dem tiefsten guten Grund jenseits unserer Begriffe. Wir können Gott nicht fassen, aber wir heiligen seinen Namen, lassen seine Wirklichkeit in unsere Welt hineinleuchten, wo wir als Königskinder und Geschwister leben, im Wissen um unsere eigene Würde und die aller Menschenkinder.

Vers 10 sagt mit anderen Worten und Bildern noch einmal, was geschieht, wenn Gottes Namens geheiligt wird.

In Vers 11 finde ich einen weiteren Hinweis zu unserem Glück: „Das Brot, das wir brauchen, gib uns heute." In diesem Hinweis geht es um eines der großen Menschen- und Märchenthemen, um das Wünschen und das (sich) Ver-Wünschen.

Darf man, so frage ich oft in Kursen, um alles beten? Natürlich, bekomme ich meist zur Antwort, wer soll mir das auch verbieten. Es geht mir nicht ums Verbieten, aber schon um die Frage, ob ein Gebet „angemessen" ist oder gar schädlich.

Darf man um einen Lottogewinn beten? Ein erster Einwand ist sicher, dass niemand einen Lottogewinn zum Leben braucht, dass wir mit solchen Wünschen sogar abgelenkt werden von dem, was uns möglich wäre. Dass es irgendwie unpassend ist, eine rein materielle, ja, materialistische Bitte an den Himmel zu werfen, das spüren die meisten. Und oft wird mir dann gesagt, man könne ja einen gewissen Anteil davon spenden.

Aber es geht mir gar nicht zuerst um die Frage, ob man um materielle Güter beten darf. Darf man um den Sieg beten? Darum, dass ich die Leitungsposition bekomme und nicht ein möglicher Konkurrent? Was mache ich eigentlich, wenn ich um den Lottogewinn bitte? Ich sage im Grunde zu Gott: Hab mich lieber als die anderen. Denn natürlich wünsche ich ja nicht jedem diesen Gewinn, sonst wäre meiner nichts mehr wert. Was würden wir antworten, wenn eins unserer Kinder bitten würde: Hab mich lieber als meine Geschwister? Wenn wir dem zustimmten, so würden wir nicht nur Ungerechtigkeit und Rivalität zwischen den Kindern befördern, auch der jetzt Bevorzugte wäre keineswegs glücklich. Wie jeder Günstling wüsste er, dass die heute zugeteilte Gunst schon morgen wieder entzogen werden kann. Wer Gott zum Erfüllungsgehilfen seiner ganz privaten Wünsche macht, macht sich selbst und den Gott, an den er sich wendet, klein.

Die Gotteshoffnung Jesu, die Vaterhoffnung ist, lädt ein zu einer geschwisterlichen, wohlwollenden Lebenssicht, und wir verraten den Namen Gottes, wenn wir uns mit der Beziehung zu ihm Vorteile gegenüber anderen verschaffen wollen. Die Bitte um das tägliche Brot ist nicht nur die bescheidene Bitte um das Lebensnotwendige, sondern auch eine Bitte, die mich von niemandem trennt. Brot wünsche ich jedem. Ähnlich unparteilich-geschwisterlich war in alten Zeiten die Bitte um Regen – für alle, die Bitte um die Gesundung eines lieben Kranken, die sich gegen niemanden richtet, die Bitte um Frieden und um das „ewige Leben", von dem es genug für alle gibt.

Während sich oft erst beim nachdenklichen Gespräch zeigt, wie wichtig die Unparteilichkeit des Wünschens ist, ist offensichtlich, dass das Bild des für heute erbetenen Brotes an die wirklich lebensnotwendigen Wünsche erinnert und an die Konzentration auf das, was jetzt, hier und heute, nötig ist – und „Morgen ist morgen". Denn bei all unserer sicher auch verständlichen Vorplanung ist doch der heutige Tag die Herausforderung und Chance, die ich annehmen oder verpassen kann.

Die Märchen erzählen viel von Verwünschung, vom Scheitern an Wünschen, die nur dem Wünschenden allein nutzen sollen, und sie erzählen von guten, uns verbindenden Wünschen. Die Freiheit der Königstochter im Turm, ein Leben ohne Angst für die Mädchen unter dem Pfefferbaum oder im Eismeer, die Perle, die man heimholen muss in seinem Leben, eine Ahnung von Vaterhaus für rastlose Weltwanderer, ein Zukunftskind für die, deren Hoffnung gestorben ist – das sind ganz andere Wünsche als die der unersättlichen Fischersfrau, um nur an das bekannteste von zahlreichen Märchen über die verheerende Wirkung der Gier zu erinnern. So ermutigen uns auch die Märchen, das zu wünschen, was wir wirklich zum Leben brauchen und was uns nicht von den Wünschen und Hoffnungen der anderen trennt. Denn jeder Wunsch gegen andere wird zur Ver-Wünschung.

Vers 12 klingt im allgemein gesprochenen Vaterunser deutlich anders als im Urtext: Es geht um die Schulden, das, was mir immer wieder misslingt, was ich falsch mache, nicht um die Erb-Schuld, das „Leben in Sünde", das ein Wesensmerkmal menschlichen Daseins ist. Im griechischen Text wird vorausgesetzt, dass wir denen vergeben haben, die uns etwas schuldig geblieben sind, bevor wir den Himmel um Vergebung bitten. Das ist theologisch eher falsch. Gottes Gnade und Vergebung gehen unserer Güte und Vergebungsbereitschaft voraus. Aber ein Gebet – das ist schon im 2. Kapitel an Psalm 90 deutlich geworden – spricht nicht theologisch korrekt über Gott, sondern aus der Erfahrungsperspektive des Menschen. Ein Mensch, der anderen niemals etwas vergibt, der alle Fehler kleinlich aufrechnet und nachträgt, der kann nicht an einen großzügigen Himmel glauben. Ab und an großzügig zu sein, zumindest Großzügigkeit zu üben, ist die Voraussetzung dafür, dass ich an einen großzügigen Himmel über mir glauben kann.

Viele Märchen erzählen von dieser Großzügigkeit. Gawain erinnert daran, dass wir alle leben müssen und nur leben können mit einem grünen Band. Der Jäger breitet großzügig seine Felle aus über der bedauernswerten Skelettfrau. Das fleißige Mädchen auf dem Weg zu Frau Holle zeigt diese lebensfreundliche, nicht aufrechnende Haltung, noch deutlicher zeigt sie das arme fromme Mädchen, das alles verschenkt (nicht opfert), ohne Berechnung und Hintergedanken, und das, als die Sterne vom Himmel fallen und die Welt untergeht, durch seine Großzügigkeit reich wird für sein Lebtag.

Bleibt noch der 13. und für viele schwierigste und anstößigste Vers. Will Gott uns in Versuchung führen? Als Theologe habe ich da meine Zweifel. Aber es ist ja ein Gebet, keine Theologie, und wir müssen wieder aus der Perspektive des Menschen nach der Wahrheit fragen. Der Glaube an Gott kann Menschen zweifellos in Versuchung führen, sogar auf doppelte Weise, durch Fanatismus wie durch Fatalismus.

Die fanatische Versuchung besteht darin, sich so sehr mit

Gott zu identifizieren, dass Menschen sich selbst absolut setzen und gegen jede kritische Nachfrage „immunisieren“. Solche „Gottesmänner“ gab und gibt es wohl in jeder Religion. Sie wissen immer ganz genau, was Gott will, dass sie auf seiner Seite sind und er auf ihrer Seite steht, und mitunter sind sie in ihrer Gottesgewissheit bereit, selbst über Leichen zu gehen.

Aber diese Versuchung kann auch Menschen erfassen, die nicht zu religiösem Fanatismus neigen. Psychologisch durchaus verwandt ist die eher unbewusste, zumindest unreflektierte Grundeinstellung „Ich bin für alles verantwortlich“, die die notwendige Haltung der Eltern gegenüber Kleinkindern zum durchgängigen Lebensmuster werden lässt. Bevormundung, Größenwahn und endlich völlige Überforderung sind die unglücklichen Auswirkungen dieser Lebenssicht.

Die zweite Versuchung, die im Gottesglauben liegt, ist Fatalismus. „Wenn Gott die Welt anders will, soll er sie ändern – ich bin nicht zuständig.“ Diese Haltung segnet einfach den Ist-Zustand und die herrschenden Verhältnisse ab. Sie entspricht der Grundeinstellung: „Ich bin für nichts verantwortlich.“

Nach christlicher Sicht hingegen bin ich weder alles noch nichts, nicht Gott, aber auch kein bloßes Rädchen; ich bin berufen zum „Sakrament“, zum An-Zeichen der Menschenfreundlichkeit des Himmels. Das wunderbare Bild der Tradition für jeden Menschen, das die Mystik bedacht und die Volksfrömmigkeit ausgemalt hat, ist Maria, die nach (allerdings weitgehend unbekannter) katholischer Lesart das Bild für jeden Christenmenschen ist. Wie Maria bin ich Jungfrau und Mutter. Jungfrau heißt, dass mir viel geschenkt ist: das Leben, Liebe, manche Begabung, mein Glauben. Mutter heißt, dass ich das mir Geschenkte und Anvertraute in mir wachsen lassen und zur Welt bringen muss.

Immer wieder erzählen die Märchen von Menschenkindern, die sich weder ihren Allmachtsfantasien noch ihren Ohnmachtsgefühlen überlassen. Sie tun, was sie hier und jetzt tun können: Sie jammern nicht über Mauern, sondern steigen die Turmtreppe hinauf; sie suchen die Perle; sie ordnen die Knochen; sie warten vor dem Spiegel, ob sich ein Lichtblick zeigt; sie nehmen die Herausforderung an, die in ihr Leben einbricht; sie verrichten „das Ihre getreu", wie es in dem schönen barocken Lied „Wer nur den lieben Gott lässt walten" heißt: „Sing, bet und geh auf Gottes Wegen, verricht das Deine nur getreu, und trau des Himmels reichen Segen, so wird er in dir werden neu ..."

Aber auch wenn ich weiß, dass ich meinen Teil beitragen kann und soll, dass ich anderen zum Segen werden soll – „ich bin nicht der Hausvater hier", ich werde die Welt nicht zur endgültig guten Heimat für die Menschenkinder machen. Daran erinnert uns die letzte Bitte: „... sondern erlöse uns von dem Bösen." Ich bin nicht der Welterlöser, nicht einmal der Erlöser meiner Kinder. Ich bin entlastet von letzter Verantwortung und kann darum mit Gelassenheit tun, was mir mit meinen begrenzten Kräften möglich ist.

Im Vaterunser finde ich ausdrücklich vor Gott ausgesprochen, was in den Märchen als menschliche Ahnung und Sehnsucht anklingt. Denn Märchen sind keine Offenbarung des Himmels, keine heilige Schrift. Aber sie sind für mich, was der indische Dichter Rabindranath Tagore über die Bäume sagt:

*Bäume sind der Erde endloses Bemühen, mit dem lauschenden Himmel zu sprechen.*

Besser gesagt, es ist unsere „Seele", die sich bemüht, mit dem lauschenden Himmel zu sprechen, und die ihre Sehnsucht in den Bäumen erkennt und in den Märchen ausdrückt. Mit Märchen können wir den uralten und immer neu sich stellenden Lebensfragen begegnen und wir können diese Fragen dem Himmel stellen. Ohne die richtigen Fragen sind die überlieferten Antworten des Glaubens oft sinnlos. Unsere Fragen können der Schlüssel sein, der den verborgenen Schatz erschließt.

Die Märchenschätze können auch ein Anreiz sein, sich überhaupt auf einen Weg zu machen, der am Ende wieder zu uns und zu der tiefen Wahrheit des Glaubens führt. Dabei sind sie kein Irrweg und ich glaube, sie sind auch kein Umweg, den man sich beim rascheren Griff zur Bibel ersparen könnte. Denn Märchen können manchmal unsere Seele „pflügen" und empfänglich machen für die großen Fragen, auf die der Glaube antwortet. Anders als im Märchen von Hase und Igel ist es im Leben oft besser, einen Weg gegangen zu sein als immer zu behaupten: „Ich bin schon da!" Natürlich ist der letzte Schatz und die tiefste Hoffnung, die Christen und Kirche hüten, die Gotteshoffnung, aber es ist nicht immer ratsam, mit der Tür ins Haus zu fallen und geradezu unverschämt schnell und bedenkenlos von Gott zu sprechen. Auch da ist manchmal ein scheinbarer Umweg notwendig, um den verborgenen Schatz zu finden. Auf dem Umweg über die Märchen habe ich das Bild vom Königskind entdeckt, zu dem mich das Evangelium bestimmt. Auf dem Umweg über die Märchen habe ich erkannt, dass ich nicht der wahre Hausvater bin, auch nicht für meine Kinder, und wie mich das entlastet. Auf dem Umweg über die Märchen habe ich mich gefragt (und frage mich immer noch oft genug), ob ich den Dämmerschlaf abschütteln kann und das Schmutzkleid der Dämmerland-Leute. Auf dem Umweg über die Märchen habe ich erst wirklich erkannt, dass ich meine Kunst nicht ausüben darf, um „groß herauszukommen". Auf dem Umweg über die Märchen habe ich gelernt, mich bei allem unerwartet heftigen Trennungsschmerz darüber zu freuen, wie meine Kinder sich über die Brüstung schwingen und auf den nächsten Stern zugehen.

Vom Umweg, der manchmal notwendig ist, um zu sich zu finden, erzählt auch ein ostjüdisches Weisheitsmärchen, mit dem ich das Buch beschließen will. Rabbi Bunam von Przysha, der um 1800 einer der großen chassidischen Lehrer des polnischen Judentums war, pflegte diese Geschichte seinen Schülern und Besuchern zu erzählen, wenn sie sich nach einem Besuch bei ihm wieder auf den Heimweg machten.

### *Reb Eisiks Suche nach dem Schatz*

*Da lebte einst in Krakau ein Jude, Isaak, Sohn des Jaakob, auf Jiddisch sagt man: Eisik, Sohn des Jekel. Arm war er und geplagt von vielen Sorgen. Und dazu kam eines Nachts auch noch ein seltsamer Traum. In diesem Traum wanderte Eisik durch eine fremde Stadt; er kommt an eine Brücke, die führt zum Königsschloss, und eine Stimme sagt zu ihm: „Eisik, Sohn des Jekel, mach dich auf, geh nach Prag und grab unter der Brücke zum Königsschloss einen Schatz aus.“*

*Träume! Träume sind Schäume, dachte Eisik beim Erwachen – und gewiss würde er nicht wegen eines Traums aufbrechen in die ferne, fremde Stadt Prag. Aber in der nächsten Nacht hatte er den gleichen Traum, hörte er die gleiche Stimme: „Eisik, Sohn des Jekel, mach dich auf, geh nach Prag und grab unter der Brücke zum Königsschloss einen Schatz aus.“ Und gerade so war es auch in der dritten, vierten, fünften Nacht. Und da endlich machte Eisik sich auf den Weg, und sei's nur, um nachts wieder seine Ruhe zu haben.*

*Lange war er unterwegs, wanderte durch Polen und Galizien, Mähren und Böhmen, bis er endlich ankam in der großen Stadt Prag – müde, hungrig, halb erfroren und mit zerfetzten Sohlen. Das Schloss über der Stadt, von dem er geträumt hatte, fand er gleich und auch die Brücke vor dem Schloss. Aber auf dieser Brücke hielten Soldaten Wache. Was sollte er nun tun? Wie konnte er unbemerkt den Schatz ausgraben? Eisik überlegte hin und her, lief auf und ab – ganz unauffällig, meinte er, aber geradeso fiel er den Soldaten auf. Und die packten ihn und brachten ihn zum Hauptmann der Wache.*

*Der saß an diesem kalten Wintertag in der gut geheizten Wachstube hinter einem großen schönen Schreibtisch. „Hauptmann“, sagten die Soldaten, „dieser Jude läuft vor der Brücke auf und ab und macht sich verdächtig!“ Der Hauptmann beugte sich vor: „Was hast du hier zu suchen? Gesteh oder soll ich es aus dir herausprügeln?“*

*Eisik fiel in seiner Angst nichts ein als die Wahrheit. „Herr Hauptmann“, sagte er, „ich komme von weit her und bin viele Wochen unterwegs gewesen, denn ich habe geträumt, hier unter der Brücke zum Königsschloss sei ein Schatz vergraben.“*

*Der Hauptmann starrte ihn an, dann lachte er schallend: „Ihr Juden seid ja noch dümmer, als ich immer schon dachte. Da kommst du armer Tropf wegen eines Traums von wer weiß woher gelaufen. Wäre ich so dumm wie du, säß' ich nicht hier am warmen Ofen hinter meinem schönen Schreibtisch. Denn ich träume schon seit Jahren wenigstens einmal in der Woche, irgendwo im Osten, in einer Stadt namens Krakau, liege ein Schatz vergraben unter dem Ofen im Haus eines Eisik, Sohn des Jekel. Aber ich gebe doch nicht alles hier auf und lauf' einem Traum nach und geh' in eine fremde Stadt, wo sicher die eine Hälfte der Leute Eisik heißt und die andere Jekel – und alle haben einen Ofen!“*

*Abermals lachte er schallend und weil ihn seit Wochen nichts mehr so belustigt hatte wie die Dummheit dieses Träumers, ließ er den Festgenommenen gnädig laufen.*

*Und Eisik, Sohn des Jekel, verneigte sich, ging nach Haus und grub unter seinem Ofen den Schatz aus. Und von dem Schatz baute er ein Lehrhaus, das bis heute steht: Reb Eisik ben Jekels Schul'.*

Vielleicht sind die Märchen und die großen Träume, von denen sie erzählen, nur der Schatz unter der Brücke, den wir so nicht bekommen werden. Aber diese Schatzsuche kann uns heimführen zum wirklichen Schatz unter dem eigenen Ofen. Und, wer weiß, vielleicht wartet selbst da ein Märchen auf uns, wenn der Königssohn uns dreimal küsst und der Gänsehirt unsere Lebensmelodie noch einmal erklingen lässt und der König uns das letzte Ja zuspricht.

## Quellenangaben

S. 7
Der goldene Schlüssel, in: Brüder Grimm, Kinder- und Hausmärchen, Nr. 200

S. 13ff.
Der Turm zu den Sternen, in: Heinrich Dickerhoff, Erdenkinder – Waisenkinder – Königskinder. Märchen im Hospiz. der hospiz verlag, Wuppertal 2007. Erzählfassung nach: Baskische Märchen, übersetzt und herausgegeben von Felix Karlinger/Erentrudis Laserer, Köln 1984

S. 30f.
Der Pfefferbaum, in: Heinrich Dickerhoff, Trau Deiner Sehnsucht mehr als deiner Verzweiflung. Märchen zum Leben. © Matthias-Grünewald-Verlag der Schwabenverlag AG, Ostfildern, Neuausgabe 2007. Erzählfassung nach: Felix Karlinger/Johannes Pögl, Märchen aus der Karibik, Köln 1995

S. 42
Erich Fried, Bevor ich sterbe, aus: Lebensschatten. © Verlag Klaus Wagenbach, Berlin 1981

S. 44ff.
Der siebente Vater im Haus, in: Heinrich Dickerhoff, Trau Deiner Sehnsucht mehr als deiner Verzweiflung. Märchen zum Leben. © Matthias-Grünewald-Verlag der Schwabenverlag AG, Ostfildern, Neuausgabe 2007. Erzählfassung nach: Peter Chr. Asbjörnsen/Jörgen Moe, Samlede Eventyr, Bd. 1, Oslo 1995, und: Die Kormorane von Utröst. Norwegische Märchen, Stuttgart 1965

S. 60ff.
Das Perlenlied, in: Heinrich Dickerhoff, Trau Deiner Sehnsucht mehr als deiner Verzweiflung, Märchen zum Leben. © Matthias-Grünewald-Verlag der Schwabenverlag AG, Ostfildern, Neuausgabe 2007. Erzählfassung nach: Otto Betz/Tim Schramm, Da gedachte ich der Perle. Perlenlied und Thomasevangelium, Düsseldorf 1993, und: Wilhelm Schneemelcher, Neutestamentliche Apokryphen, Bd. 2, Tübingen 1999[6], sowie: Henri Daniel-Rops, Die apokryphen Evangelien des Neuen Testamentes, Zürich 1956

S. 79ff.
Die Toten aus dem Meer, in: Heinrich Dickerhoff, Trau Deiner Sehnsucht mehr als deiner Verzweiflung. Märchen zum Leben. © Matthias-Grünewald-Verlag der Schwabenverlag AG, Ostfildern, Neuausgabe 2007. Erzählfassung nach: Peter Chr. Asbjörnsen/Jörgen Moe, Samlede Eventyr, Bd. 1, Oslo 1995, und: Die Kormorane von Utröst. Norwegische Märchen, Stuttgart 1965

S. 85ff.
Die Skelettfrau, in: Heinrich Dickerhoff, Trau Deiner Sehnsucht mehr als deiner Verzweiflung. Märchen zum Leben. © Matthias-Grünewald-Verlag der Schwabenverlag AG, Ostfildern, Neuausgabe 2007. Erzählfassung nach: Clarissa Pirkola Estes, Die Wolfsfrau, München 1993

S. 96ff.
Der Spiegel, der ins Jenseits führt, in: Heinrich Dickerhoff, Traumhaus und Wolkenschloss. Königsfurt-Urania Verlag GmbH, Krummwisch 2003. Erzählfassung nach: Felix Karlinger/Johannes Pögl, Märchen aus Argentinien und Paraguay, Köln 1987

S. 106
Heinrich Böll, Für Samay, aus: Werke, Kölner Ausgabe Bd. 23 von Heinrich Böll. Herausgegeben von Hans-Joachim Bernhard und Klaus-Peter Bernhard. © 2007 by Verlag Kiepenheuer & Witsch GmbH & Co. KG, Köln

S. 115ff.
Lumpenkind, in: Heinrich Dickerhoff, Erdenkinder – Waisenkinder – Königskinder. Märchen im Hospiz. der hospiz verlag, Wuppertal 2007. Erzählfassung nach: Joseph Jacobs, More English Fairy Tales, London 1894

S. 133ff.
Gawain und der Grüne Ritter, in: Heinrich Dickerhoff, Und webte etwas, das niemals stirbt. Keltische Märchen. Königsfurt-Urania Verlag GmbH, Krummwisch 2006². Erzählfassung der englischen Versdichtung *Sir Gawaine and the Green Knight* [vor 1400] bzw. der älteren *Sir Gawaine and the Carl of Carlyle*

S. 145f.
Der Schwertmeister, Erzählfassung nach: Märchen von Männern, hrsg. von Stephan Marks, Stuttgart 1993

S. 149ff.
Morgen ist morgen, in: Heinrich Dickerhoff, Trau Deiner Sehnsucht mehr als deiner Verzweiflung. Märchen zum Leben. © Matthias-Grünewald-Verlag der Schwabenverlag AG, Ostfildern, Neuausgabe 2007. Erzählfassung nach: Dov Noy, Folktales of Israel, Chicago 1969

S. 163f.
Reb Eisiks Suche nach dem Schatz, in: Heinrich Dickerhoff, Traumhaus und Wolkenschloss. Königsfurt-Urania Verlag GmbH, Krummwisch 2003. Erzählfassung nach: Elie Wiesel, Chassidische Feier, Wien 1972